知汉系列

zhihan Series

02

戴波 著

帝国的阴阳两面

中国文史出版社

图书在版编目（CIP）数据

帝国的阴阳两面 / 戴波著 . –– 北京：中国文史出版社 , 2020.11
ISBN 978-7-5205-2373-8

Ⅰ . ①帝… Ⅱ . ①戴… Ⅲ . ①中国历史—汉代—通俗读物
Ⅳ . ① K234.09

中国版本图书馆 CIP 数据核字 (2020) 第 195426 号

责任编辑：秦千里

出版发行　中国文史出版社
社　　址：北京市海淀区西八里庄路 69 号院　邮编：100142
电　　话：010-81136606　81136602　81136603（发行部）
传　　真：010-81136655
印　　装：廊坊市海涛印刷有限公司
经　　销：全国新华书店
开　　本：32 开
印　　张：8
字　　数：120 千字
版　　次：2021 年 1 月北京第 1 版
印　　次：2022 年 8 月第 2 次印刷
定　　价：38.00 元

自序　阴阳两面的三重含义

夹在汉高帝刘邦、汉武帝刘彻中间，拥有天子身份或实际拥有至高无上权力的，前后有六人：孝惠帝刘盈、高后吕雉、前少帝、后少帝、文帝刘恒，以及景帝刘启。

这一段时期，看似没有刘邦时的传奇，没有刘彻时的雄壮，然而却在经历痛苦的内部革新。就像绝大多数朝代一样，开国之主匆匆草创，当他死去之后，留下一个后遗症众多的摊子给子孙，能否妥善解决，决定了这一朝代绵延的时间。秦、隋不能解决，便成短命王朝；汉在艰难和血腥中幸存，则成就强大帝国。

这六个人，尤以孝惠、高后、文景为代表，是承上启下的核心人物，不可谓不关键。我把这一时期汉朝的特点，称之为"帝国的阴阳两面"。

阴阳两面，有三重意义。

其一，在于刘邦死后，汉朝进入两宫政治阶段。何为"两宫政治"？即孝惠帝居未央宫、母亲吕后居长乐宫，同样都能发号施令，决定帝国走向。明面上的天子，和其背后的太后，构成了第一重含义："权力的阴阳两面"。孝惠帝在一般的解读中，是个仁弱无为的少年天子。但本书将会结合学界研究成果，列举其并不那么仁弱、并不那么无为的实绩，揭露其时母子矛盾这一条主线和暗线。两宫政治的结果，是造成了两人身边各自围绕着一批站队的臣子和奴仆。作为政府首脑的丞相一职也在这一时期，从一员不得不分为左右两员，以平衡母子间的权力斗争。

其二，吕后死后，由各种利益集团联合掀起的诛吕之变，导致了吕氏灭族、后少帝之死。文帝从藩王的身份接受邀请，入主长安。为了政变和即位的正当性，帝国对此一段历史进行了主动涂抹修改。李开元先生在《汉帝国的建立与刘邦集团——军功受益阶层研究》中曾提及："西汉初年，汉政府出于自身的政治利益需要，对于历史记载曾多次进行修改。其较大的修改至少有三次。一、对于秦王朝历史的修改；二、汉王朝对于汉曾经从属于楚，汉王国乃是项羽的封国等有关汉之由来的隐瞒；三、对于吕氏政权的历史所加的修改……"留下来的文字记录，和被抹去的历史痕迹，构成了第二重含义："叙述的阴阳两面"。从古至今，学者们为还原这一阶段的事实做出了不少努力，本书中同样会从蛛丝马迹入手，尽量破解如"白马之盟"等扑朔迷离的谜团。

其三，文景二帝，一般读物只强调其宽容仁厚之政治。除非综合全面的专业书籍，才会立体解读。考文景两朝之治，实际上是对民间的休养生息，以及对权力内部和宗室内部的残酷侵削，两者结合。对下的仁厚，和对上的刻薄，构成了第三重含义："政治的阴阳两面"。推而广之，不仅文景两朝如此，这种一体两面的执政理念，事实上从吕后时期就已发端。吕后以严酷手段对付不服从的刘氏、吕氏，文帝以强硬措施报复诛吕集团，景帝则以更加绝情的方式对待功臣、儿子、诸侯王，从根本上解决了宗室的威胁。本书将在众所周知的"文景之治"外，着重展示政治残酷的另一面。

本书是"知汉"系列的第二册，和第一册相比，更多采用抽丝剥茧似的叙述方式，同时也增加少量史书原文的引用，提高可信度，因此在阅读的专业性要求上有所提高。

从哲学的角度来说，历史只有两种，一种是"发生的历史"，即真真实实在时空里曾经演绎过的人、事、文化；而另一种称作"描述的历史"，所有我们接触的、感知的、学来的、掌握的、传授的，大约都是不同描述下的前人与前事。

说了这么多，其实我也不过是在描述我所以为的历史，如果还有什么值得强调的，那就是第一册自序里就强调的叙事风格。中国的历史书，习惯了英雄叙事，习惯了写王侯将相的家书，而在我眼里，个人都是渺小的，帝王也好，世家也好，平民也好，在帝国的起与灭、时代的兴与衰里无一不是被驱使着前进的蝼蚁，我希望您读此书，除了了解历史之外，还能读到每个人的无奈，能读到众生的悲苦。

目　录

第一章　逃亡匈奴的老友

燕长城绵亘在汉帝国东北的边境线上，隔绝着两种截然不同的文化和世界。

往南，田园家舍、耕织工读，农业社会的百姓除非遇上天灾人祸，否则绝不愿意离开自己拥有的一亩三分地。而往北，时而荒漠千里、杳无人烟，时而草长马肥、骑猎游牧，雄劲的匈奴族东奔西突，迁徙不定。这样的生活被长城以南的中原人视为野蛮落后，不知礼节。任何一个中原人，不陷入绝境或没有巨大利益的诱惑，往往不会轻易放弃自己汉人身份的认同感，和匈奴杂居在一起。

汉高祖十二年的四月，即将入夏，燕地仍然带着一丝春天的凉意。

一位衣着华贵、须发皆白的老者眉头深锁、满面愁容，在燕长城隔绝南北的关塞下徘徊不已。在他身后，陈列着战马、战车、军装的士兵，以及穿着便装的男女老少，一时马嘶人语，颇有些嘈杂。看得出来，这数千人的紧张不安，都和发愁的老者有关，似乎都在期待着老者的一个决定，或是一个命令。

老者犹自忧心忡忡，徘徊不已。

忽然，隆隆之声由远及近，一辆马车疾驰而来，"吁"的一声，停在不远处。从车上跌跌撞撞跑下来一名男子，小碎步向老者趋行。而老者早已焦急地盯着他不放，似乎迫不及待地想要从他身上得到什么消息。

男子近前，面带戚容小声向老者禀告了几句。只见老者瞬间双泪夺眶而出，抖抖索索向着西面拜倒在地，嚎啕而哭道："老臣卢绾，恨不能复见陛下，面陈赤心！"

这位情绪激动的老者，赫然就是汉高祖刘邦自小到大的挚友、夺下臧荼的燕地后亲自分封的新燕王卢绾。

见大王如此，身后数千人纷纷下马下车，齐齐向西拜倒在地，一起向刚刚驾崩的皇帝陛下尽哀，只是这哀中，却带着些不同寻常的悲情。

要了解其间的前因后果，需要重头来说说卢绾这个人。

卢绾和刘邦情谊非同一般，甚至有一些天意般的巧合。

首先，他们同年同月同日，生在同一个"里"，相当于生在同一个自然村，这就已经非常难得了。而更难得的是，《史记》称："卢绾亲与高祖太上皇相爱"，也即两家原本关系就十分密切，于是"里中持羊酒贺两家"，村里人纷纷前来相贺送礼。等到刘邦和卢绾长大一些，两家又送他们一起读书。如前所述，刘邦的兄长是农耕持家的，这说明至少到刘邦出生时，家境已经较为殷实，且在当地具有了一定的声望。而刘卢二人一起出生、一起长大、一起读书，自然关系更为密切，"又相爱也"。于是里中"复贺两家羊酒"。

不过在这段关系里，有明显的从属关系。就像我们从小到大的经历一样，孩子群里，总有人天生具有孩子王的气质，其他人则唯唯诺诺，像个跟班。

卢绾就是刘邦的小跟班，唯这名大哥是从。

刘邦还是平民身份时，经常为了躲避徭役，四处流亡，卢绾则跟在身边出入上下。等到刘邦据沛县起事反秦，卢绾则以宾客身份随从。刘邦被封汉王，卢绾升任将军，又以太尉一职跟随刘邦东击项羽。

《汉书》称卢绾："常侍中……出入卧内"，即卢绾可以出入刘邦私人休息的地方，这种信任的待遇，绝非一般亲信可比。另外如其他的"衣被食饮赏赐，群臣莫敢望"，其他臣子连想都不敢想。《汉书》还特意以萧何、曹参作比较，说他们虽然凭借赫赫事功受到刘邦的礼遇，但如果要论亲密和宠幸的程度，都无法和卢绾相比。

> 虽萧曹等，特以事见礼，至其亲幸，莫及绾者。——《汉书·韩彭英卢吴传》

刘邦对这名从小一起长大、又死生相随的兄弟，情义足够深厚，从来不曾亏待。群臣自然也都看在眼里。

所以刘邦在剿灭燕王臧荼后——如前所述，臧荼既是异姓王，又是项羽系旧将，自然在清除计划之内——故意公开下诏，令群臣商议由谁来当新的燕王、守护燕地比较好。群臣装模作样讨论一番，异口同声道："太尉长安侯卢绾，跟随陛下平定天下，功最多，我们觉得他当燕王最为合适。"

群臣的这番话，无疑是揣摩上意而发。而实际上卢绾究竟有多少功劳，倒也不难知晓。

《史记》在记录功臣时，如曹参、樊哙这些身先士卒的将领，常常不厌其烦地记录每一场重要战斗，有时甚至具体到砍了几颗人头。以樊哙为例：击破李斯儿子李由军队那场战斗中，"斩首十六级，赐上间爵"；在攻破秦国最后关卡武关，成功进驻到灞上的大决战中，"斩都尉一人，首十级，捕虏百四十六人，降卒二千九百人"。记录张良、陈平这些谋臣时，也详细介绍了他们参与的一些重要战略部署，就连记录萧何，也提及了他稳定后方、支援前线的具体事例。唯独卢绾，在亡秦灭楚两场大战争中，既无任何战斗资料，也无丝毫参谋贡献，只是寥寥几笔提到他始终跟随刘邦，宠幸无人能比。上方提到《汉书》载："虽萧曹等，特以事见礼，至其亲幸，莫及绾者。"其实也侧面说明了，萧何曹参是有"有事"的功，而卢绾却没有多少"事功"可言。当然，在项羽死后，卢绾也曾参与剿灭余党，跟随刘邦一起征讨燕王臧荼，但要说到"功最多"，则无论如何都排不上号。

而越是如此，越说明刘邦对卢绾的喜爱不同一般。

既然群臣如此识相、如此表态，刘邦便顺手推舟，把自己这位好兄弟送上了燕王之一王者之位。

我们之前说过，对卢绾这次分封，代表了刘邦初期的治天下理念。他并不排斥疆域之内存在异姓王，但必须是信得过的嫡系。刘邦自以为把卢绾一路扶到燕王，算是尽到了兄弟情义，却没想到，这一决定同时也把兄弟送上了一条不归之路。

矛盾仍然要从陈豨的叛乱说起。这一场叛乱，不仅令吕后借机除掉了韩信、彭越，也让卢绾失去了在汉朝立足的最后机会。

从地理位置来说，陈豨的据点代地，恰好夹在刘邦和卢绾之间。因此刘邦在亲征陈豨时，令卢绾从东北方向同时进攻，形成夹击之势，让陈豨首尾不得兼顾。

大哥一言，小弟自然照办。受到汉燕两军的夹击，陈豨腹背受敌，形势十分窘迫，赶紧派出使者向匈奴求救。卢绾听说之后，也派出一名叫张胜的使臣前往匈奴游说。

张胜来到胡地，本是为了拉拢匈奴，极力化解陈豨使者的努力，拉拢匈奴。只是没曾想，他在匈奴帐中，遇到了一名旧人：故燕王臧荼被刘邦和卢绾诛杀后，逃亡在匈奴中的儿子臧衍。

臧衍对张胜道：张公您之所以受到燕王器重，是因为您熟悉匈奴之事。而卢绾之所以还能当燕王，是因为诸侯不断叛乱，汉朝兴兵平叛，战事永无休止，没时间料理燕国。如今张公您出使匈奴，试图帮汉朝快速消灭陈豨势力。可惜啊，我只怕陈豨一死，下一个要清理的就轮到卢绾了。到时候你们也难免成为汉军俘虏。张公您何不想办法让卢绾暂缓攻打陈豨，同时和匈奴讲和。如此，便可以长长久久、安安稳稳做他的燕王了。

张胜被臧衍这番话说服了。

故事发展到这儿，还算合理。但接下来，蹊跷的事情便来了。

张胜以为然，乃私令匈奴助豨等击燕。——《史记·韩信卢绾列传》

假如臧衍说服张胜的理由真的如上所说，是希望卢绾和陈豨、匈奴三方讲和，保持形势平衡，不让汉朝能对付任意一方，才是久安之道，那怎么张胜接下来的做法，却是令匈奴帮助陈豨攻打燕王卢绾呢？这样做岂不是愈发坚定卢绾护汉之心？

从这一段错乱的记载便可推知，臧衍和张胜的对话远非如此简单，否则不会出现逻辑颠倒的行为。

真实对话究竟如何，史书虽然不载，却也可以从前后文里推测出一些蛛丝马迹。比如张胜这个人，到底是什么身份。

公所以重于燕者，以习胡事也。——《史记·韩信卢绾列传》

什么意思呢，张胜之所以被卢绾派来匈奴做使者，是因为他经常和匈奴打交道。说明张胜是一名久居边境之人，且应该经常作为使者来往匈奴之间。而燕王卢绾呢，卢绾是高祖同乡，生长于南方楚国，又长期跟随刘邦在中原征战。卢绾是直到刘邦诛杀了旧燕王臧荼，才接管了燕地。那张胜其人，必然不是卢绾的旧臣，而是一直在燕地任职，卢绾当上燕王后又继续使用的前套政府班子的成员。卢绾之所以任用张胜，正如前所说，是因为他"习胡事"，在燕国这样一个与匈奴接壤之地、军事重地，这个技能相当重要。

也就是说：在卢绾之前，张胜效忠的前一位国君，正是臧荼。

这就解释了为什么张胜一到匈奴营中，前来做他工作的人，是臧荼的儿子臧衍。这也同时解释了，为什么张胜在接受劝说后，做出的行为是"私令匈奴击燕"。

臧衍和张胜两人对话的真实内容，已经呼之欲出。臧衍绝不是想要两存卢绾和陈豨，而是说服了父亲的老部下，帮助自己在匈奴冒顿单于面前，争取到兵力支持，攻打卢绾，从而夺回属于自己家族的燕国。

张胜在旧主和新主之间，选择了站在故人一边。这样一来，卢绾顿时也变成两面受敌，一面要抵抗匈奴帮助臧衍复国，一面要协助汉军夹击陈豨。两相权衡，他选择了派遣另一名使者范齐出使陈豨，或许是想缓解这一面的军事压力，毕竟他和陈豨之间，并非主要矛盾。另一头臧衍身上的国仇家恨，才是不可化解的。

高祖十二年的冬天，传来陈豨被周勃率领的汉军斩杀的消息。卢绾略略松了一口气，这下他可以全力对抗匈奴的挑衅了。令他没想到的是，他派出去的两名使者，张胜和范齐，此刻却忽然成了压在头上的一大罪名。

这一日，从长安来了几名使者，说是来调查他勾结匈奴和陈豨，涉嫌通敌谋叛一事。

卢绾惶恐万分，百般纠结之后，选择了躲起来不见汉使。

不见使者，则百口莫辩。这一选择看起来愚蠢万分，但也并非完全没有理由。尤其在知道了长安来的领头使者是谁之后，卢绾从心底由衷地感害怕。

领头的使者是谁呢？

姓审，名食其（读作易基）。

审食其是何人，第一册中曾略微一提。刘邦起兵反秦时，把父亲刘太公和妻子吕雉留在了老家，并留有一名小弟服侍保护他们，这名小弟就是审食其。刘邦灭秦之后，入汉中当汉王，趁项羽平定齐国时，借机东出，想要接回家人，不幸又被项羽击败。太公、吕雉和审食其都被项羽俘虏。直到楚汉画鸿沟为界，暂时讲和的时候，吕雉才作为谈判条件被楚军释放。这中间，刘邦和吕雉分别了整整六年。

而这六年里，审食其和吕雉朝夕相处，成为了她最信任最亲密的灵魂伙伴。

刘邦和吕雉重逢之后，刘邦已经有了别的宠姬，而吕后对审食其宠幸无比也毫不隐瞒，人尽皆知。

这样一个人作为使者前来，代表的是谁的旨意，不言而喻。

换言之，假如来的使者是张良，那就是刘邦的代言人，卢绾未必不敢见，凭他自忖和刘邦从小交欢的情谊，没有什么是不能向大哥解释的。

而吕后的旨意，却令卢绾头皮发麻、毛骨悚然。

正如他对亲信所说：去年春天淮阴侯韩信被诛杀，夏天梁王彭越被灭族，都是吕后的主意。听说皇帝陛下亲征英布时受伤，如今重病在身，朝中大小事务，皆由吕后决定。她哪里会安什么好心呢，只知道剿灭异姓诸侯和大功臣而已。

在见到这一情形后，卢绾身边的一些臣属也敏锐地嗅到了权力斗争的危机感，纷纷趁机溜走。"其左右皆亡匿"。权大财大，这种时候都不如命大。

审食其一行始终见不到卢绾，完不成任务，干脆返回长安，向上如实禀告。

很快上面就给燕王定性了：躲起来不敢见朝廷使者，果然是想要造反。

三月，一支平叛军整装出发，向燕国进击。

领军的人是谁呢？樊哙——吕后的妹夫。

这件事前前后后的负责人，从使者到将军，无一不是吕后的亲信。充分说明了主张剿灭燕王卢绾究竟是谁的主意。而且也证实了，至少在刘邦病重时期，宫中的政令，并非只出于天子一人。在刘邦生前，吕后就已经开始对权力逐渐染指。

不过此时，刘邦毕竟还没有驾崩。有人趁机上言：樊哙党于吕后。刘邦虽病重，仍勃然大怒。

须知，任何帝王最厌恶的行为之一，即是臣下互相结党。结党意味着形成小集团，小集团意味着有内部的私人利益和私人目的，意味着不会对帝王毫无保留地效忠。尽管吕后是皇后、是钦定继承人的生母，但刘邦绝不允许她公然形成自己的权力集团。将相更不可以依附于她，在刘邦活着时，臣子必须只效忠于刘邦；刘邦死后，则必须只效忠于继任天子。

刘邦把陈平和周勃叫到病床前，亲自下令两人坐马车立刻飞奔往前方，追赶樊哙的军队；同时命令陈平到达军中，就地将樊哙斩首，由周勃接管军队。

陈、周二人马不停蹄上路了，路上一商议，却都觉得刘邦不过是一时之怒，虽然生气，但毕竟樊哙是吕后妹夫，功劳又大，不如把他绑回京去，让刘邦亲自处置。当然，"功劳大"只是明面上不马上杀死樊哙的理由，最主要的，还是因为两人眼见着刘邦已经病入膏肓，百年之后，吕后话事，自然不可以轻易扛下杀死樊哙这口锅。不如绑着慢慢回京，见机行事。

陈平用囚车装着樊哙先行回长安，暂且不提。且说周勃取代了樊哙，领军继续向据称已经反叛的燕国进发。这支军队三月从长安开出，四月便兵不血刃"平定"燕地，拿下燕国首都，俘虏了燕国丞相、太尉等一众官属，一路上都没有什么像样的抵抗，大约是因为卢绾实际上并没有反叛之心的缘故吧。

而燕王卢绾，则如本章开头所说，听说汉军要来，一早地就带着家属和亲兵逃到了边境。他徘徊在长城脚下，心中两难。用吕思勉先生的话说，即使是韩信和彭越，都没有任何反叛的实迹，更何况是卢绾这名和刘邦朝夕相处五十多年的亲密伙伴。

塞上孤寒，春风料峭。陷入人生绝境的卢绾不禁回忆起与当初的兄长、如今的皇帝陛下共同度过的半生年华，想起一齐读书厮混的少年经历，想起一齐游侠乡里的青年时光，想起一齐躲避徭役，一齐反抗暴秦，一齐东击项羽，一齐收拾四方，两鬓沧桑的沛县人卢绾万分感慨。他心中还有一线希望，希望皇帝陛下健康状况能有好转，如此便可以举家入朝，亲自到长安，跪在兄长面前，握着兄长的双手，倾诉衷肠，说说往事，剖明心迹。兄长念及旧情，也一定会相信自己的赤诚，然后自己就留在长安，余生继续做兄长身边的一个小跟班。

可惜，使者从长安带来的，是刘邦驾鹤西去的消息。这个噩耗，绝了卢绾最后一点在汉朝生存的机会。

周勃拿下燕国都城后，率军追至长城脚下，长城内已空无一人，不见卢绾等人踪迹。而墙外胡地，大漠辽阔，凄厉苦寒，天边似有马蹄声和人群渐渐远去的喧嚣，那是一群在帝国盛世里无家可归的汉人。

第二章 父母之孝，难以两全

汉高祖十二年四月，亲手缔造了汉朝的刘邦溘然长逝，把一个疆域庞大、机构复杂的帝国，摆在一位十六岁的少年面前。

他叫刘盈，是汉帝国的继承人，但他并不是刘邦的长子。

刘邦在迎娶吕雉之前，曾经和当地一名曹氏妇人私通诞下儿子，名叫刘肥。尽管刘邦对刘肥疼爱有加，但因为不是正妻所生，就自动排除在皇位继承人之外。尽管如此，刘邦对他的喜爱仍然是毫不掩饰的。在夺得天下的第二年，刘邦就将历来最为膏腴之地——齐国分封给刘肥，任命他为齐王，食邑七十余城，胜过其余诸子。不仅如此，刘邦同时还下令，天下百姓能说齐地方言的，都迁徙去齐国居住。在农业帝国时代，人口就意味着生产力。这一政令，体现了他对自己这名私生长子无尽的偏爱。

而作为正妻吕雉所生的儿子，刘盈除了天然继承皇位的优先权，命运似乎并没有带给他太多的好运和福气。

据说还在刘邦任亭长时，曾经也在农忙时请假回家帮忙务农。尽管他自己不屑于从事生产，但吕雉作为一名女性，却不得不操持家里的农田和杂务。有一日，她正带着两个幼小的孩子在田中除草，一位路过的老人向她求水解渴。在得到吕雉的帮助后，老人端详了她的长相，恭维道："夫人您一看就像是天下贵人。"也不知这名老者是真能看相呢，还是出于感恩的客套。但吕雉显然是当真了，非得拉着他再看看自己的一儿一女。老人可能心中叫苦，只好继续应付，假装仔细看了一遍，道："夫人之所以富贵，正是因为这个儿子。"说完赶紧溜了，生怕吕后把一家子男女老少都拉出来给自己相面。恰好刘邦从不远处过来，听说此事，蹭蹭蹭追上老者说："老人家，辛苦你一下，我也想看看。""好好好。"老人说，"你老婆孩子都长得像你，你最高贵，满意了吗？"刘邦这才道谢放老人离去。

这个故事是杜撰美化开国帝王的常见套路。而刘盈的命运，起初却并未朝着富贵的方向发展。

如前所述，很快刘邦就丢下一家老少，把脑袋别在腰间上战场厮杀了。幼小的刘盈不但看不到飞黄腾达的希望，反而要每天担忧失怙，或者因罪被牵连的可能。

刘盈再次见到父亲的时候，已经是两年多之后了。那也并非是场快乐的重逢，他见到的是被项羽击败，正落荒而逃的父亲。而且因为嫌自己累赘，久别的父亲竟三番两次把自己和姐姐踢下车去，无情已甚。要不是驾车的夏侯婴把自己救起，只怕从此要父子永别。更祸不单行的是，在这场逃难中，母亲吕雉又被项羽俘虏。才见了爹，又不见了娘。这种朝不保夕的命运，如何能跟富贵联系得上呢？

从项羽的追击下逃出生天之后，或许是出于愧疚之心，刘邦很快立刚刚年满六岁的刘盈为汉王太子，驻守在后方，并且派麾下留在后方的诸侯，全都作为守卫，保护大难不死的刘盈。再三年多之后，刘邦一统天下，又第一时间立其为皇太子。

刘盈的太子地位，之前已经详细分析过，尽管出现过危机，但并非能够轻易动摇。

陷入储位之争的对象是赵王刘如意，一个不满十岁的孩子，显然对帝位的觊觎不可能是出于他个人意愿。看起来是两个儿子之争，实际上主导并激化这一矛盾的，必然是刘如意之母戚姬和吕后，两个母亲之争，以及两人身边围绕的拥立大臣的政治投资之争。

刘邦生前看在眼里，心中跟明镜似的，因此采取了一系列手段来化解这一矛盾。

经过一番纠结，最后他的意见其实非常明确，归纳起来不外乎两点。

第一：皇位只能由刘盈继承。从身份来说，嫡长子继任皇位天经地义；从实力来说，拥护刘盈的是沛县元老，特别是吕后外家吕氏集团，尽管在史书中大多数痕迹被抹去了，但仍然能找到很多证据，可以证明吕氏集团在刘邦取得天下的过程中功不可没。因此于情于理，审时度势，刘盈都是唯一最佳的继承人。最能体现刘邦这一意志的人是张良，前面已有分析，不再赘述。（详见知汉系列一《帝国的兴起·第三十一章·储位无争》）

第二：戚姬必须让刘如意退出皇位之争，而刘邦负责安排人手保证他的安全。因此，刘邦不惜派沛县元老中的硬骨头周昌去担任刘如意的相国。这一任命至少有两个目的，既暗示和监督戚姬不要再有任何非分之想，再搞任何小动作；同时也试图通过沛县元老这一身份，缓和戚姬和吕后间的矛盾，起到保护刘如意的作用。当然，最后的结果证明，第二个目的并没有成功实现。

一个艰难成长起来的十六岁少年刘盈，在这样的背景下，成为了大汉王朝的第二代天子。

然而在前方等待他的命运，更加凶险叵测。

没有了刘邦的约束，吕后立刻开始她的报复之路。在这一年尚未结束之前，她就迫不及待地把戚姬囚禁起来，剃光头发，戴上枷锁，令她在永巷里舂米劳动。

戚姬从曾经皇后之位举手可得的宠幸地位，一下子沦为阶下囚，每日只能一边服役一边悲歌：

子为王，母为虏，终日春薄幕，常与死为伍！相离三千里，当谁使告女（汝）？——《汉书·外戚传》

显然这是戚姬绝境里万不得已的悲鸣，希望有人能听到这样的歌声，转达给刘如意，想办法来搭救她。

但这样的诉求传到吕后耳中，声声刺耳。

"这个贱人竟然还妄想依仗自己儿子吗！"

既然你把希望寄托在儿子身上，我就断了你这唯一的希望。吕后把仇恨的目光转移到了年幼的刘如意身上，数次三番派使者到赵国宣旨，令刘如意到长安朝见。

要杀死一个人，有时候并非是多么讨厌他，可能只是借杀死他，来令真正仇恨的人绝望。

不过这时，周昌其人果然如刘邦提前命令的一样，发挥了硬骨头的作用，他坚持对使者说：先帝生前嘱托我，赵王年少，要好好照料看管。如今赵王身体抱恙，无法入朝，请回去禀明太后。

屡次遭到拒绝，吕后勃然大怒。不过这点阻碍并影响不到她继续施行复仇大计，充其量多费点手脚罢了。

吕后派人先以事征召周昌进京。这下周昌无法拒绝，只好乖乖上路。等周昌到了长安，赵王刘如意失去了保护，吕后再遣使令他入朝。刘如意果然也只好应召出发。

听说刘如意已在途中，吕后露出了欣慰的笑容。只要这小子到了长安我的地盘，还不是肉在俎上，任我处置吗？

吕后笑得似乎略微早了些。令她猝不及防的是：有一个人，提前在途中劫走了刘如意。

而之后，更令她怒火中烧的是：这个人，就是自己的亲儿子，新任天子刘盈。

在这里，我们可能需要重点来审视一下吕后本人，否则我们很难理解她的怒火从何而起，她对于戚姬的仇恨又从何而生，为何如此根深蒂固、仇深入骨。史书历来很少去关注一个女人的内心，但后来人研究时不可忽略，是怎样的环境和经历，促成了那些复杂的心理和动机。

吕后的父亲吕公，原本并不是沛县人，而是离沛县较远的，战国时秦楚边界的山阳县单父人。《汉书·高帝纪》："单父人吕公，善沛令，辟仇，从之客，因家焉。"也就是说，吕公和沛县的县令是熟人，因此举家搬至沛县定居。

秦朝治下，每个县都直接从中央任命一名外地人作为县令或县长，这种制度的目的是避免当地人作为本地最高长官，威望高、又有根基，容易据地自立。但反过来说，没有根基、没有群众基础又成为了县令实施治理的一大弊端。因此，一种常见的做法是，县令和落户在本县的外地豪族互相倚靠，借助对方的政治资本、社会资本或经济资本。一个典型的例子，就是项梁项羽叔佀在起事前，吴中县令就和这对外地豪族互相交好利用。

吕公又恰好有避仇的需要，自然而然地跟随沛令到了沛县定居。但这些豪族出于本族利益，一方面要巴结地方长官，另一方面也不可避免的要和当地的地头蛇、大家族打好关系。这正是吕公把女儿吕雉嫁给亭长刘邦、另一个女儿吕嬃嫁给樊哙的原因。至于史书所称吕公会相面的说法，最多是当时的客套话或后来的溢美词。

所以吕雉和刘邦的结合，某种程度上来说也是底层的政治婚姻，是强龙和地头蛇之间的利益需求。

仅从经济角度来看，吕雉显然算是"下嫁"的。《汉书·高帝纪》记载了吕公家中的乔迁落户之宴："进不满千钱，坐之堂下"。红包不满一千的，只能坐在堂下吃。说明宾客众多，规格也高。相比刘邦押送刑徒到咸阳，远途来回，同僚们也只送两三百钱的路费红包，刘吕二家在经济上还是悬殊的。

吕雉嫁到刘家，起码在生儿育女、操持家务上，还是尽心尽力。当刘邦因为私自放走徭役刑徒而逃亡在芒砀山时，也是她不辞辛苦入山接济。不过这样的平淡日子随着天下大乱，仅仅几年就结束了。接下来的战争时期，她有整整六年见不到自己的夫君，不知生死，守着活寡。其中还有三年多连儿女也不在身边，是被作为人质，关押在项羽的军营里，随时随地有被杀死泄愤的可能。

很多人不明白吕后为什么如此冷静残忍。大概一个在寂寞和绝望里挺过来的女人，坚韧、独断、冷血就成了她无法抗拒的本能吧。

吕后对权力的欲望，某种程度上就是"活下去"的欲望。在暗涌的上层斗争中，抓住权力就是抓住了活下去的希望。而要抓住权力，光靠她自己是不够的。她非常清楚，作为皇后是母凭子贵，就如当年那个相面的老人所说："夫人之所以富贵，正是因为这个儿子。"一旦刘盈不能成为太子继任皇位，自己的地位和权力也就朝夕不保。所以，她的利益是和刘盈紧紧捆绑在一起的，他们是一对真正的命运共同体。

谁敢挑战刘盈的地位，谁就是让我吕雉活不下去。

这是吕雉后半生行事的指导原则。

如此，你就能理解为何她对觊觎后位的戚姬恨之入骨，对懵懵懂懂受母亲摆布的刘如意也非要斩草除根，置之死地而后快。

此刻，谁敢阻止我杀刘如意，谁就是我的敌人。

而戏剧的是，保护刘如意的人，偏偏就是刘盈。

刘盈不仅仅亲自跑到灞上，提前把这名弟弟接到自己宫中，而且从此日夜和他一起起居饮食，不离左右，让吕后找不到任何机会对刘如意下手。

那么问题来了，刘盈为什么要如此用心、费力地去保护这名弟弟呢，而且还是一名曾经对他帝位产生过巨大威胁的皇弟，难道仅仅是性格仁慈就能解释的吗？

台北"中研院"的郑晓时先生在他的《汉惠帝新论——兼论司马迁的错乱之笔》一文中，给出了他的观点。他认为刘盈对刘如意的保护，是在执行父亲刘邦生前的嘱托。尽管此文有值得商榷之处，但这个观点非常在理。

刘邦既决意不让刘如意当太子，必定知道戚姬和他失势后难免遭打压报复，因此精心安排周昌任赵相。不过周昌始终受地位限制，能保护到什么程度很难预料。而在自己身后，真正说话有分量、能起到绝对保护作用的人，只有一个：即下一任天子。因此在周昌之外，特意嘱托刘盈避免兄弟交争，保护刘氏宗族，并非不可能。这个分析合情合理，比较符合刘邦在生命最后几年的行事风格。

也只有作如此推断，刘盈甘冒母后之大不韪，尽力做出维护竞争对手的事，才有合适的动机。

只是这般行为，尽到了对父亲的承诺，却无法不触怒眼前的母亲。

至少在吕后看来，刘盈的做法简直不可理喻，形同背叛。

我做这一切是为了谁？既是为了我，也是为了你。我们俩才是一根绳上的蚂蚱。如今你倒好，非但不和我站在一起，还处处阻挠，实在是太令人寒心了！

吕后怒在心中，同时冷静地等待着一切可寻的机会。

没有人可以妨碍我除掉眼中钉，亲儿子也不行。

终于机会来了，孝惠帝元年的十二月，此时刘盈即位已有半年之久，亲自保护刘如意也有数月。这一日清晨，刘盈早起出猎，刘如意因为年幼贪睡，没有跟随。等刘盈回到宫中时，刘如意已经赫然身死。

关于刘如意的死因，有两种不同记载。《汉书·外戚传》："太后伺其独居，使人持鸩饮之。"称是趁他落单时，用毒酒毒死的。而《西京杂记》称："吕后命力士于被中缢杀之。"则是窒息而死的。

《西京杂记》同时提到了刘盈对这件事的处理，腰斩了这名力士，他明知是母亲主使，却显然只能把怒火发泄在这名行凶的下人身上。这本书虽多夸谈，对此事的描述倒还合情理。

刘如意之死，令吕后和刘盈母子之间不可调和的矛盾有从暗处渐渐有了走向明处的迹象。

之所以不可调和，因为这矛盾既有刘邦嘱托和吕后意志不同造成的历史原因，更有刘盈作为新任天子和太后吕雉谁更有话事权的现实问题。

杀死刘如意之后，吕后余怒未消，她真正忌恨的人，终究是戚姬而已。

于是她终于做了那件最为人不齿、最为人诟病的事：砍掉戚姬四肢，挖去双眼，熏聋双耳，并将其毒哑，再扔进猪圈中让刘盈观看，称其为"人彘"。此刻她不但需要发泄怒火，还要借处置戚姬来警告一下自己的儿子刘盈，提醒他要清醒地认识到谁才是为他好。

这件事过于残忍、过于不人道，只能认为吕后已经被仇恨和怒火燃烧得完全丧失了理智，毕竟站在她的角度看来，连唯一的亲儿子都不能理解自己，孤独使其扭曲、权力使其残酷。

刘盈的确不能理解，他看到不成人形的戚姬，反应是"大哭，因病，岁余不能起"。然后派人致意吕后，称"此非人所为"！

"此非人所为"。一个儿子对母亲说出这样的话，几乎等于决裂。

母子之间的矛盾，终于公开化。

第二年的正月，《资治通鉴·卷十二·汉纪四》记载了这样一个谶纬信息：

春，正月，癸酉，有两龙见兰陵家人井中。

两龙同时出现，似乎是母子争端升温的一个象征。

第三章　朕绝非仁弱之主

　　汉孝惠帝刘盈在位的时间并不长,满打满算也就七年零三个月。而这七年多的时间里,与母亲吕后之间始终处于矛盾对立的局面,这对于一名年轻的天子来说,痛苦而又纠结。

　　在戚姬的惨剧发生后,《史记·吕太后本纪》称刘盈大受打击,"孝惠以此日饮为淫乐,不听纪政"。这显然是为了张扬吕后之恶的夸张之词。因为《史记》后文中,明明白白地记载着孝惠的许多为政措施和事迹。

　　之所以汉初历史有这么多错漏矛盾之处,并非司马迁有意为之,而是正史系统在当时尚属萌芽阶段,一切记录、保存制度并不完备,难免杂入耳闻传说,再由政治原因施以涂抹修改,自然存在各种讹误。

　　惠帝非但没有如前所称般一蹶不振,反而兢兢于治理天下,只不过不可避免地在此过程中要与自己的母亲暗暗对抗。

比如孝惠二年的十月，按照汉初承袭秦制的规矩，这是一年的第一个月，相当于新年岁首，诸侯王按照惯例要入京朝贺。在皇族内部的家庭宴会上，惠帝恭恭敬敬把兄长齐王刘肥，也就是父亲那位偏爱的私生子，请到了上座。这一举动也引起了吕后的怒火，于是在端上来的酒中下毒。齐王刘肥正准备接过一杯去，没想到惠帝也站起身来去拿。吕后惊恐地亲自起身，打翻了酒杯。

这一桥段被吕思勉先生认为和许多汉初历史一般，"多类平话……不足尽信"。他分析这件事至少有如下疑点：

一、就算惠帝再怎么恭敬，在吕后面前，齐王刘肥是不是真的敢居于上座？

二、太后想要毒杀齐王，什么时候都可以，何必非要挑众人一起宴会期间？

三、毒酒何必非要多筛几杯，以致让惠帝也有中毒的可能？

这一桥段也许出于虚构，但刘如意前车之鉴不远，齐王刘肥对于吕后实权的畏惧却是实实在在的，他从宫中回到齐王府邸中，瑟瑟发抖，担心自己是否还能够活着离开京城，回到自己的王国中去。

见齐王忧心忡忡，齐国内史上前劝说道："大王您是在怕自己赴赵王如意后尘吗？"

齐王面色凝重不说话，但这番沉默显然已经证实了内史的猜测。

内史道："太后猜忌心重，大王又是先帝长子，年富力强，有此忧虑也不足为怪。臣有一计，可保大王无虞。"

"说来听听。"齐王连忙问道。

内史道："太后没有其他子女，唯有今上和鲁元公主。鲁元公主今已嫁给张耳之子张敖，太后对她甚是疼爱，可惜公主食邑只有区区数城。而大王您坐有七十余城，只消诚心实意献出一郡数城，作为鲁元公主的汤沐邑，太后必然喜出望外，赞赏大王之忠心，则大王再无后顾之忧。"

齐王听罢大喜过望，当即上奏，表示献出城阳之郡，并且尊鲁元公主为王太后。吕后果然心花怒放，亲自到齐王府中置酒宴会，乐饮欢聚。不久，就放齐王离京回国而去。

这个计策，说高明也没有高明到哪里去，无非是巴结献媚的老一套。而此计之所以能奏效，反而说明了吕后本来对齐王刘肥的敌意就不大，否则岂能为一郡之地就轻易放过他？

一切扑朔迷离中，唯一可以笃定的是：齐王刘肥成了吕后依赖并信任的政治同盟，这从后来吕后十分亲信齐王两个儿子刘章、刘兴居，并委以重任就能看出。而最终的结局却证明，这可能是吕后最为致命的错招。正是这两个她依赖的刘氏子孙，成了背叛她、颠覆她、毁灭她一切的关键人物。

把视角回到孝惠帝和吕后的矛盾冲突上来。假如上述吕后下毒齐王的故事为真，孝惠帝则在其中扮演的角色，非但不似后世对其的评价"仁弱"，反而既智且勇，敢于拂逆母后之意保护兄长，和当初保护弟弟赵王刘如意如出一辙。

当然，这故事大概率是假的。如此，我们就要到史书里去寻找孝惠帝其他暗中对抗吕后，以及没有"不听纪政"的证据。

孝惠帝四年的岁首，汉帝国除了常规的祭祀、朝贺外，还举行了另一件隆重的庆典：册立皇后。

但这次被册立的女子，所有人听到后都面面相觑，不敢多言。当事人之一的孝惠帝本人，更是面如冰霜，隐忍不发。

因为他的皇后，是他亲姐姐鲁元公主和张敖的女儿，也就是自己的外甥女。

《资治通鉴·卷十二·汉纪四》："冬，十月，立皇后张氏。后，帝姊鲁元公主女也，太后欲为重亲，故以配帝。"元朝的胡三省在此段文字下注解道："既以纪人伦之变，且著外戚固宠也。"

所谓"人伦之变"，指的就是这段婚配是乱了辈分、违背伦理的。而之所以这样结合，是吕后想要借此机会，巩固和张敖的政治同盟关系，"著外戚固宠"。除此以外，这种强迫式的父母之命，不能不说，里面也包含着吕后对惠帝的施压。让你总是忤逆我的心意，我倒要让你醒悟过来，谁才是帝国真正的权力之主。

不过要说这段姻缘完全违背伦理，倒也并非。正如之前所说，齐王刘肥在献汤沐邑给鲁元公主时，有个另外看似无关紧要的动作："尊鲁元公主为王太后。"从辈分来说，齐王刘肥是高祖刘邦长子，鲁元则是长女，两人是同父异母地兄妹关系。齐王却尊妹妹为王太后，执以子礼。所以齐王才是扰乱辈分的始作俑者，而吕后则欣然应允。既然鲁元比齐王高了一辈，自然也可认为比孝惠高了一辈。如此一来，孝惠娶鲁元的女儿，就合情合理、不乱辈分了。

而齐王尊鲁元公主为母这一举动，就越发显得像和吕后提前蓄谋一般，也可见吕后确实没有视齐王为敌，而是把他当成同盟。

只是这种伦理关系的解释，在惠帝看来，无非仍然是狡辩之词。面对母后逼迫的政治婚姻，孝惠帝一方面选择了默默接受，一方面却又没有完全隐忍。

册立皇后当年，孝惠帝居住的未央宫连续两天发生了两起火灾。

火灾发生的时间，《汉书·惠帝纪》和《汉书·五行志》所载不同。一说当年七月，一说当年十月。重要的是，这两把火，不偏不倚，烧在两个和皇后紧密相关的地方：第一天，烧了"凌室"，供养饮食的地方；第二天，紧接着烧了"织室"，供奉宗庙衣服的地方。

为什么说这两个地方都和皇后紧密相关呢。《汉书·五行志》里提供了答案："惠帝四年十月乙亥，未央宫凌室灾；丙子，织室灾……天戒若曰：皇后亡奉宗庙之德，将绝祭祀。其后，皇后亡（无）子。"

这两起火灾，都昭示了张氏没有成为皇后的德行，假如一意孤行，将面临断子绝孙的后果。而事实上，在孝惠和张皇后短暂的三年婚姻里，的确没有诞下任何一名皇子和公主。

孝惠帝并非没有生育能力，他与其他后宫女子前后育有前少帝刘恭、后少帝刘弘、刘朝、刘武、刘疆、刘太、刘不疑等。唯独和张皇后无子，要么是张皇后身体缺陷，要么是孝惠帝有意以此，向吕后表达自己的不满和反抗。那连续两天巧合的两把火，也极有可能是孝惠帝授意为之，借天意来警示母后，不要破坏人伦、肆意妄为。

如果说以上还只是孝惠帝的暗中抗衡，那下令诛杀审食其，则是公然挑战吕后了。

前面曾说过，审食其因为受刘邦之托，长年照顾吕后，又和吕后一起陷于项羽军中，在长达六年的时间里朝夕相对、相依为命，建立了深厚的感情基础。因此吕后掌权之后，审食其大受宠幸，人所皆知其为吕后"情人"的事实。

尽管此事最后在孝惠帝男宠闳孺的斡旋下不了了之，孝惠帝还是放过了审食其一马，但无疑可见，母子的矛盾冲突不断在激化、公开。

当朝廷有两龙角斗时，自然而然就形成了派别。于是每个人被形势所裹挟，要么随波逐流、主动站队，要么大智若愚、游离在外。

孝惠帝二年，为帝国建立了不朽功勋的老丞相萧何病故。

临终前，孝惠帝亲自去探望这名德高望重的长辈和功臣，并且关切地问奄奄一息的萧何："丞相百年之后，谁可接替相位辅国？"

萧何看着这位少年天子，强撑着一口气回答："知臣莫如主。"

尽管人之将死，他倒也还没糊涂。我推荐一人，您满意了，您母后不满意咋办。我这快死的人了，您还非要出一道政治投资题给我选，太不厚道了。我要对我子孙百余口的命负责呢。所以选谁来当继任丞相，还是您亲自决定吧。

孝惠帝不得不提议人选："你看曹参如何？"

实际上，孝惠帝也举不出其他人选了。无论从功劳卓著来看，还是从沛县元老的出身来看，除了曹参，别无第二人选。

但萧何要的就是从你自己嘴里说出来。

他眼睛一闭回答道："看来陛下您有主意了，那我也就没有遗憾了。"

以上对话，出自《史记·萧相国世家》。巧合的是，相似的对话，在《史记·高祖本纪》里，临终前的刘邦和吕后之间也有一段。

吕后问："陛下百年之后，萧相国一旦驾鹤西去，谁可接替他呢？"

刘邦答道："曹参可以。"

吕后又问："曹参之后呢？"

刘邦答道："王陵可以。但王陵这人略有些耿直，可以用陈平来辅佐他。陈平智谋有余，但不能独担大任。周勃忠厚朴实，但是安定刘氏者，必然要靠周勃，可以让他担任太尉一职。"

吕后还想再问。

刘邦摇摇头道："后面的事，就跟你没什么关系了。"

萧何和孝惠、刘邦和吕后前后两段对话相比，孰真孰假，再明显不过。后者的对话中，把刘邦描绘得仿佛是神仙，可以预见身后每一个举足轻重的政局变动：包括曹参继任萧何、包括丞相一职到王陵时从一员变为两员、包括周勃诛灭吕氏、包括吕后的寿命止于此。足可见是好事者根据后来史实附会而成。

相比而言，孝惠帝和萧何的对话至少合情合理。只是如此一来，亲自问政的孝惠帝，又怎能用史书里的"不听纪政"来形容。

曹参听到萧何的死讯时，正在齐国国相的位置上，他连忙催促家人："快收拾收拾，我即将入京城为丞相。"果不其然，很快，使者就带着诏书来宣召他了。

到京城担任丞相一职后，曹参日夜饮酒不听事，卿大夫和宾客来拜会他，曹参辄拼命劝酒，直到他们也一起喝醉，怎么都不给他们开口说事的机会。

孝惠帝见此怪相，忍不住内心狐疑又不满，觉得曹参是不是欺负我年轻瞧不起我呢。恰好曹参的儿子曹窋在朝中担任中大夫，孝惠便让他回家私下问问父亲。

对于父亲的怪异行为，曹窋心里其实也纳闷不已，只是不方便过问。现在正好借着皇命打听一番。

他趁休假时回到家中，瞅准没人的机会悄悄问道："先帝刚刚弃群臣而去，今上又正年幼，父亲大人新任丞相要位，理应辅佐少主治理国家。怎么每天沉溺饮酒，无所事事，难道您就不心忧天下吗？"

曹参一听，勃然大怒，也不作答，先拿来皮鞭就抽了儿子两百下。

抽完，他余怒未消地喝道："赶紧回去伺候陛下，天下之事是你这个臭小子可以乱说的吗！"

等到下回曹参亲自朝见孝惠时，孝惠忍不住怪罪道："这件事和曹窋无关，是我让他劝君少于饮酒为乐、勤于辅政治事的。"

曹参磕头请罪道："陛下您自视和高祖，谁更圣明威武一些？"

孝惠帝连忙道："我焉敢和先帝相比。"

曹参又问："那陛下眼里，臣和先萧相国谁更贤明一些？"

孝惠帝道："君好似稍逊一筹。"

曹参道："陛下您所言极是。既然如此，高祖和萧何平定天下、法令修明，陛下只需垂拱而治，臣只需谨守成规，默默遵照不要有失误就行了，何必去变易法度、额外生事，增加百姓的困扰呢。"

此段对话成为典故"萧规曹随"的出处。

诚然，曹参墨守成规、拒不扰民，其中有黄老思想的影响。这和他在齐国担任国相时的理念是一致的。他在齐国九年，史载"齐国安集、大称贤相"；在朝廷任丞相三年，百姓编歌谣称颂："萧何为法，顜若画一；曹参代之，守而勿失。载其清净，民以宁一。"

但从另一个角度看，他在齐国时虽然也主张黄老术，但从个人行为来看，还是积极作为的，比如召集了诸生大讨论，不见其有消极之事。而到了京城，却开始沉湎饮酒，不再视事。当儿子向他问道劝谏，他非但不好好解释，还臭骂一顿，告诫他慎勿多言。不得不说，这并非他在齐国时的一贯言行。

影响他改变行事风格，不问世事的，除了宫廷内部吕后和孝惠帝的权力斗争已经不可调和，还能是什么呢？

而从此件事里孝惠帝的积极态度来看，也无法让人相信，这是一个"不听纪政"的堕落天子。

曹参是无法避位，丞相一职非他莫属，所以只好借酒避事。而高祖时的策士陆贾则是主动求免。

《史记·郦生陆贾列传》：

孝惠帝时，吕太后用事，欲王诸吕，畏大臣有口者，陆生自度不能争之，乃病免家居。

这段话寥寥三十二字，信息量却极大。

第一，孝惠帝在世时，吕后已经想要封吕氏为王。但我们考诸史书，这段时间里没有吕氏被封王，甚至连封侯都没有。说明吕后的权力还没有大到可以左右一切。尽管列传里说的是"畏大臣有口者"，但显然，真正能起到阻止作用的，一定是孝惠帝和围绕在孝惠帝身边的辅臣集团。

第二，陆贾本人口才极好，在高祖面前尚能不卑不亢，数次奉命出使也都能不辱使命成功而归，唯独此时，他选择了脱离政治漩涡。足可见，吕后和惠帝的矛盾冲突已经一发不可收拾。

当然，实际上陆贾并没有完全置身事外，他暗中联络沟通各方面势力，成为统一反吕联盟的关键人物。这是后话，以后再提。

有消极避事的，就有主动站位的。代表人物就是陈平，陈平此人，一直是极端狡猾的政治投机者。

孝惠帝六年十月，发布了一项新的任命。两个月前，曹参去世了。从本月起，丞相一职，分为左右两员。右丞相由王陵担任，左丞相由陈平担任。这两人，一个属于孝惠帝集团，一个属于吕后集团。

这是一个极其重要的象征，代表着天子和太后的矛盾冲突，最终以一个用相位平衡的方式告一段落。

但这种平衡实际的操作者，自然还是真正拿捏权力的话事人。

所以好不容易维持的平衡很快就要被再次打破，因为这一年才二十二岁的孝惠帝，寿命只剩下一年多了。

第四章　疑云重重的"白马之盟"

公元前188年的十月，大将灌婴忽然接到命令，率领着一支军队，从长安赶赴荥阳。

这是一次戒严性质的军事行动，意味着帝国内部有大事要发生，因此派遣中央军队驻扎要地，以备不虞。

等到八月份的时候，未央宫里传来年轻的孝惠帝驾崩的消息，年仅二十三岁。这说明，在过去一年左右的时间里，他的身体状况都十分令人担忧，随时会有不测。

孝惠帝更年幼的儿子刘恭即位，是为前少帝。他是后宫女子所生，但吕后杀死其生母，令张皇后以亲生母亲名义抚养他，才被立为太子。少帝的年龄此时不会超过十岁，因此吕后称制，大权独揽。

元年，号令一出太后。——《史记·吕太后本纪》

吕后终于成了母子矛盾最终的胜利者，尽管代价是亲儿子英年早逝。不知这位头发花白的老妇人，面对如此胜局，心里是怎样一种复杂的心情。

据说，在孝惠帝的丧礼上，吕后只是干哭，一滴眼泪都没有。群臣虽然觉得异样，但无人知道原因。

张良十五岁的儿子张辟疆时为侍中，看在眼里，悄悄问丞相："孝惠帝可是太后唯一的儿子，如今驾崩，太后虽哭却不悲，君可知为何？"

"为何？"丞相问道。

张辟疆道："孝惠帝的儿子都还年幼，无法主政。太后如此反应，实在是因为害怕君等一干大臣。如今，只有君等主动请太后拜吕台、吕产、吕禄等吕氏外戚担任将军，统领南北两军，让诸吕子孙等入宫用事，护卫少帝，如此太后自然心安，君等也就可以幸免于难了。"

《史记·吕太后本纪》称：丞相当即按照张辟疆说的照做了，吕后无后顾之忧，这才把心底丧子的哀伤和痛苦一齐释放出来。而吕氏的掌权也从此时发端。（丞相乃如辟疆计。太后说〔通"悦"〕，其哭乃哀。吕氏权由此起。）

细心的人读到这里，难免要问一句：既然孝惠帝六年，汉帝国的丞相从一员改成了两员，惠帝派系的王陵任右丞相，吕后派系的陈平任左丞相，那么张辟疆在这里谈话的对象究竟是哪一位呢？

这个答案要到《汉书·外戚传》里去找，外戚传里就明明白白记载着，是左丞相陈平采纳了这一条建议。

而王陵并没有因为孝惠帝的驾崩，就立刻改变自己的政治立场。事实上，他作为一名性格耿直的功臣元老，仍然坚定地站在吕后的对立面。

因为孝惠帝的早逝，吕后重新把封吕氏外戚为王的计划提上议程，征求左右两位丞相和太尉周勃的意见。

王陵表示坚决反对，他理直气壮道："当初高帝和众功臣杀白马互相盟誓：非刘氏为王者，天下共击之。如今太后想要封吕氏为王，不符合先前的约定。"

吕后碰了一鼻子灰，非常郁闷，转过头问陈平和周勃。

陈、周二人则回答道："高帝平定天下，所以分封弟子为王。如今太后治理国家，所以分封吕氏，合情合理，有何不可？"

吕后这才转恼为喜。

罢朝之后，耿直的王陵拉住二人，怒斥道："当年和高帝歃血为盟时，两位莫非不在场吗？为何如今背叛誓言，谄媚女主。

君等有何面目见高帝于九泉之下!"

始与高帝喋血盟,诸君不在邪? 今高帝崩,太后女主,欲王吕氏,诸君从欲阿意背约,何面目见高帝地下? ——《史记·吕太后本纪》

陈、周二人回应道:"在朝廷上据理力争、面斥陛下,我们不如君。但将来保全刘氏社稷江山,君却未必比得上我们。"

前面说到,李开元先生曾指出,西汉初年汉政府对历史记载曾多次进行修改。特别是第三次对吕氏政权历史的修改,基本已是学界公论。而之所以能成为公论,正是因为修改的手段并不高明,露出的马脚过多。但也因此,我们对于此段历史,阅读时尤其要抱一种怀疑精神,处处要打一个问号。

比如上一段王陵廷争的故事里,问题就不少,马脚很明显。

一、 吕氏的确在建国期间立有功勋,即使吕后分封吕氏为王侯,最多是背约。但陈周二人的回答,"但将来保全刘氏社稷江山",倒像是一开始就下了结论,直接认定吕后将要把帝国改刘姓吕,预知将来会有诛杀吕氏之变一般。

二、在吕后和王陵面前如此圆滑的两段回答,出自陈平之口固然可信,"勃为人木强敦厚,高帝以为可属大事"(《史记·绛侯周勃世家》),忠厚呐言的周勃是否也能异口同声说出谄媚吕后之语? 周勃一直非吕后阵营,起初吕后妹夫樊哙攻打燕王卢绾时，高帝在病床上疑心樊哙党于吕后，就是派周勃前去接替军权。且周勃等沛县元老素来与陈平不和，据《史记·郦生陆贾列传》，直到陈平也在吕后面前失势时，才通过陆贾的从中斡旋，将相和好，结成反吕利益联盟。"君何不交驩太尉，深相结？……陈平用其计，乃以五百金为绛侯寿。"综以上三点因素，周勃在此时是否能和陈平一齐巴结吕后，深为可疑。故同样的一件事，在《史记·陈丞相世家》里，叙述就略有不同，"高后欲立诸吕为王，问王陵，王陵曰：'不可。'问陈平，陈平曰；'可。'"只有陈平一人表达了对吕后的逢迎。

三、上述故事里最可疑的一点，当属王陵口中的"白马之盟"，即刘邦生前是否曾和大臣们有过"非刘氏为王，天下共击之"这样一个盟誓。

"白马之盟"的真伪，至今尚无定论。一些学者认为确凿无疑，理由是它并不仅仅出现在王陵口中，直接间接提到该誓词的还有吕后本人、周勃的儿子周亚夫等，且在诛吕之变后，非刘氏不王的规定基本为两汉严格执行。

对于这样一段有明文的史料，证伪要比证实难得多。尽管如此，还是有许多学者在蛛丝马迹中，寻到了诸多不合理之处，较具代表性的有刘鸣的《"白马之盟"真伪辩》。归结众多质疑之文，"白马之盟"大约有以下几个疑点。

第一，出处的可疑。这是学者间一致的看法，即便认为"白马之盟"为真实者，也不得不承认，它缺乏直接的记载。大凡重要盟誓，都有具体年月、详细内容和相关细节。而"白马之盟"作为一条贯穿两汉的执政理念，却没有任何直接证明，只是在几位人物的对话里被提及到，而且提及的内容除了"共击非刘氏王"，别无其他细节内容可以互相佐证。

第二，时间的可疑。假如"白马之盟"为真，那么刘邦究竟在什么时间能作出这一盟誓？因为在高祖十二年的三月，刘邦还亲自下过一道诏令，肯定了当时功臣上至王侯、下至食邑的局面，然后对需要讨伐的对象也作了说明，明确表示：只有起兵谋逆者，天下共诛之。

三月，诏曰："吾立为天子，帝有天下，十二年于今矣……其有功者上致之王，次为列侯，下乃食邑……吾于天下贤士功臣，可谓亡负矣。其有不义背天子擅起兵者，与天下共伐诛之。布告天下，使明知朕意。"——《汉书·高帝纪》

在这封明显带有总结一生、嘱托后事意味的诏书里，刘邦没有对异姓封王提出任何异议。而颁布了这封诏书后一个月，刘邦就撒手人寰。这一个月里，当然他有小概率可能会反悔遗诏，只不过这个可能，又与前述王陵质问陈平和周勃的话有所矛盾。照前面所说，王陵曾痛骂陈周二人：盟誓的时候，你们两个难道不在场吗？"始与高帝喋血盟，诸君不在邪？"但细心的人一定能够回想起，刘邦生前最后一个月，陈平和周勃恰好都在替代樊哙，出征卢绾的路程中，不可能有当面和刘邦歃血为盟的机会。

故此，"白马之盟"时间上疑云重重。

第三，形式的可疑。诸多学者列举各种"盟""誓"文本，大凡盟誓，都约定双方权利义务。而所谓"白马之盟"，"非刘氏为王，天下共击之"，却只有功臣一方的义务，不合情理。也就是说，就算内容是真的，它也不应该称为"盟"，而更应该认为是一种命令，就像上述刘邦的另一条诏令一样：其有不义背天子擅起兵者，与天下共伐诛之。

第四，内容的可疑。从内容上来看，"非刘氏为王，天下共击之"，也毫不合理。可以与高祖十二年三月那条诏令相对比。诏令称"不义背天子擅起兵者，与天下共伐诛之"，伐诛的对象很明显，是谋逆起兵者，法理也很清晰，因为他背叛天子。而白马之盟称"非刘氏为王，天下共击之"，细细琢磨，问题是很大的。"非刘氏为王"存在两种情况：其一，非刘氏自己称王，则白马之盟的性质就与十二年三月诏令重复，没有必要再次盟誓一遍；其二，是帝国的继承者新天子任命非刘氏为王，那"击之"的对象则变得模棱两可，究竟刘邦是让大臣们击被封的非刘氏王，还是击乱行分封的新天子呢，如是前者，相当于刘邦鼓励大臣不遵从新天子之命，如是后者，相当于刘邦鼓励大臣谋逆。无论是哪一种，对于继任的新天子，都有百害而无一利。刘邦作为一名帝国兆基者，有什么理由给自己的儿子、孙子设置这样的障碍呢？即便刘邦想达到限制分封异姓王的目的，直接和子孙内部通过遗诏的方式来规定即可，远比和功臣盟誓有效得多。

因此，"非刘氏为王，天下共击之"，这个内容只有在一个情况下才会变得合理。即刘邦十分确定帝国权柄会被一个非自己子孙握在手中，而这个人将会大封异姓王，才会留下这样一条命令。但既然如此，他又为何不在死前就处理掉这一人呢？

基于这些理由，"非刘氏为王，天下共击之"时间形式上错漏百出，内容上也不合情合理，但针对性却特别强，矛头直指吕后。因此"白马之盟"更像是诛吕之变后，功臣集团为了提高政变合法性而捏造的一条理由。只不过虽系捏造，这一理由却可以有效防止后世再次发生外戚掌权的现象，因此被文帝朝廷将错就错，干脆以假当真继承和保留了下来。

那么当初是谁在记载历史时，把虚构的"白马之盟"安插了进去呢？有一个人物值得怀疑。他就是陆贾。陆贾既是反吕联盟的联络人，又是《楚汉春秋》的编写者，而《楚汉春秋》是司马迁写《史记》中汉初历史的主要参考文本。

把视角重新拉回到故事的主线上，孝惠帝既然已死，吕后自然可以着手料理朝中的人事安排，以解决两派争锋相对的局面。

第一个解决的就是硬骨头右丞相王陵。吕后对他实行明升暗降，一个月后就任命他为少年新天子的太傅，也就是"帝师"这一职务，身份尊贵无比，实际却离开了政府系统，不再拥有实权。吕后把效忠于自己的左丞相陈平提拔为右丞相，又以宠臣审食其为左丞相。由陈平处理朝中政务，审食其虽居丞相之位，却不治事，只出入宫中，充当吕后身边的侍臣，但大小事务，均要靠他和吕后沟通决断。

吕后又提拔任敖为御史大夫，位居三公。任敖也是沛县元老之一，曾是狱吏，和刘邦交好。有一回刘邦因事逃匿，县衙将吕后抓入牢中，狱卒对其不礼，任敖大怒而起击伤狱卒，保护了吕后的尊严。吕后能以他为三公，自然不仅仅因为救命之恩，任敖必然在站位上选择了亲近吕后。

趁第一年的冬天还未结束，吕后追封了两名吕氏为王，一名是她的亡父吕公，一名是她亡兄，在建国征战期间立下不小功绩的吕泽。如前所述，在这之前，吕后已经妥善地安排好了舆论环境，三公里从陈平到审食其到任敖，无不是忠于她的，自然无人表示反对。但也侧面说明，吕后之前在王陵、陈平、周勃三人之中讨论的，应该也只不过是分封这两名逝去的吕氏先人，不包括其他，否则大可以此时一步到位。而王陵以"非刘氏而王，天下共击之"回应，击的目标当然不可能是已死之人，那就只有击吕后本人了，更显"白马之盟"之无稽。

要再等四个月后，吕后才分封了第一位活着的吕氏外戚，侄子吕台为吕王，但同时也分封了孝惠帝的两名儿子为王。

吕后独自执政的八年中，累计有刘氏子孙七人封王，吕氏外戚五人封王，功臣集团及其后代十九人封侯。

纵观这八年的人事安排，很清晰地可以看见她的心思和计划，即以保护嫡系继承为核心目标，以加强刘吕姻亲为坚实依靠，以打造亲信宠臣班子为政治保障。

为何要保护嫡系继承，可以通过数百年后唐朝的另一个故事来参考。

据说，武则天建立大周国后，随着年老衰朽，在考虑继承人时，曾咨询狄仁杰是否该传位于侄子武三思。狄仁杰只用一句话，就打消了武则天的顾虑。

他是这么说的：陛下有没有看过侄子在祖庙里供奉姑姑牌位祭祀的先例呢？

这个故事是否为真并不重要，重要的是，它透露了一个古代非常重要的生死观念：祭祀。即古人非常重视死后能不能进入宗庙、祠堂得到后代的供奉，这也是古代传宗接代的目的之一。即便无法生育，哪怕采取过继、收养的方式，也要确定一名继承人，将来能够祭祀自己。

狄仁杰的意思即是：一旦武三思即位，供奉的自然是其父母，武则天只有传位给亲儿子，才能死后进入祖庙得到血食。

吕后同理。这也是她从保护孝惠帝太子地位，再到保护嫡系继承的一贯理念。

认为她要改江山姓吕，是不理解古代的宗族观念。

为何要加强刘吕姻亲，则是因为相对于功臣集团来说，刘吕二家毕竟有血缘之亲，更值得信赖，一旦有变，可以成为互相依靠互相庇佑的力量。

吕后加强二家姻亲的方式，是将吕家女性纷纷嫁给刘氏子孙，比如将妹妹吕媭的女儿嫁给了营陵侯刘泽，将吕产的女儿嫁给了赵王刘恢。不仅如此，吕后还挑选亲信的贴身婢女，赠与诸侯王为妃。

太后出宫人以赐诸王，各五人。——《史记·外戚世家》

在送出去的这批婢女中，有一名姓窦的良家子，因为老家在清河，便请求主办这件事的宦官，把她分配到赵国去，可以离家近一些。宦官却不小心忘记了这回事，也有可能是根本没放在心上，最终窦氏去了代国，成为代王刘恒的王妃，也即后来著名的窦太后。

除此之外，吕后还任信赖的刘氏子弟在宫中担任要职，其中最重要的两人，为齐王刘肥的儿子：刘章、刘兴居。

如前所述，刘肥积极向吕后表示诚意，而吕后也始终把刘肥作为值得依靠的同盟，这大约可见刘邦未发迹尚在民间时，吕后就和这名私生子关系不错。此时，刘肥已死，其长子刘襄继任齐王之位。吕后又封其次子刘章为朱虚侯，封其三子刘兴居为东牟侯，先后令两人入宫宿卫。

宿卫一职，非比寻常，即保护禁宫的安全，相当于太后身边最近距离的卫兵，非亲信之人不足以任。吕后对齐王一系的信任程度，可见一般。

特别是朱虚侯刘章，年方二十左右，血气方刚。吕后不仅将自己的安危交由其护卫，又嫁以吕氏女儿，且似乎交给他执行家法，治理吕氏中行为不轨之人的权力。

高后七年，刘章在太后的私人宴会上，当场斩杀了一名不守酒令的吕氏家人。没有吕后默许，刘章何敢如此。

自是之后，诸吕惮朱虚侯，虽大臣皆依朱虚侯。——《资治通鉴·卷十三·汉纪五》

诸吕和大臣怕的不是朱虚侯刘章，而是吕后赋予刘章的权力。

吕后对于非嫡系刘氏子孙的态度是：主动投诚的，像刘章刘兴居等，便加以重用。拒绝合作的，则除之后快绝不手软。她将吕氏女儿嫁给各诸侯王，并非单纯联姻一个目的，也有利用吕氏女儿严格监控诸侯王动向和态度之意。在赵王刘如意死后，又有连续两任赵王刘友、刘恢因为和吕氏女儿不合，遭到告密被处死。

不仅如此，当逐渐长大的前少帝得知亲生母亲是被吕后杀死时，也表达出了强烈的反抗之意。吕后毫不犹豫，将之废除幽禁后处死，重新立孝惠帝另一名儿子为后少帝。

在吕后看来，稳固的江山里不容有异己，她所做的一切，清除的所有敌人，联合的所有力量，都是为了嫡系可以牢牢地掌握帝国命脉，而自己则可以在死后安然进入祖庙，千秋万代接受子孙供奉。但她无论如何都意料不到，将来首起祸端的，正是自己委以重任、信赖无比之人——朱虚侯刘章。

第五章　见风使舵的陈平

此时，我们需要来回顾一下某个人的生平。他以善用阴谋见长，以趋利求荣为本，以政治投机取胜，是能趁势浮沉的人精，也是无端反复的小人。

他是陈平。

陈平家住阳武县户牖乡，大约在今河南兰考县，家中十分贫穷。他和兄长、嫂嫂三人同住，有田三十亩（秦汉亩制要比现在小很多）。

《汉书·食货志》曾经给过一个战国时期贫农的参考模型：一家五口，耕田一百亩，一年下来，基本是入不敷出的。按照此标准，陈平家中几乎可以算是赤贫。这三十亩地，兄长独自辛苦耕种，还要供陈平出外求学，本来就苦难的生活自然倍加艰辛。

也因此，嫂嫂对这个不事生产、整天吃白饭的小叔子非常嫌弃。偏偏陈平还长得高高大大、丰腴英俊，乡里人常常嘲讽他道："陈平啊，你家里那么穷，你究竟吃什么长那么肥美呢？"

嫂嫂听在耳里，顿时气不打一处来，跟着一起嘲讽道："不也就是吃糠长大的吗？有这种小叔啊，还不如没有！"

陈平自小，在这种贫穷和嘲讽的环境里成长。

等到他可以娶妻的年龄，婚配也成了一大问题。

富人莫肯与者，贫者平亦耻之。——《史记·陈丞相世家》

富人没人愿意把女儿嫁到穷困之家受苦，而穷人家的女儿呢，陈平又瞧不上。也许是因为自己饱读诗书，也许是因为过腻了苦日子，总之，陈平志于借婚姻来改变自己的处境却没有机会，始终高不成低不就。

久而久之，命运还是向他抛来了橄榄枝。

当地有个叫张负的富翁，其孙女连续嫁了五任丈夫，嫁过去不多时，丈夫就死掉，成了远近闻名的"克星"。没有哪家的男人再敢迎娶张氏女，唯独陈平对她表示出了极大的兴趣。

有一次乡里有丧事，陈平前去侍丧赚点零钱。张负恰好也来丧礼现场，见到陈平形貌，心中欢喜。等丧礼结束，陈平故意晚归。张负悄悄跟在身后，到他家门口探视一番，见陈平家虽然在僻壤穷巷，寒酸简陋，但门口却有不少车辆来往的痕迹。张负心想，大约陈平虽然不受乡里普通人待见，倒是有长者经常来拜会他，可见气度学识必然不凡。

张负回到家中，便对儿子张仲说："我打算把孙女嫁给陈平。"

张仲一听，直把头摇："陈平此人，一贫如洗，又不事生产，全县的人，莫不笑话他。岂能把我女儿嫁给这样的人！"

张负道："像陈平这样品貌上佳的人，怎么可能安于贫贱呢。"不听劝告，便最终决定了这门亲事。

张负不仅让孙女不要因为贫贱就瞧不起夫家，要谦谨地侍奉陈家人，而且从此出钱资助陈平。陈平终于不用再为日常开支而烦恼，同时因为妻家富贵，自己的人脉也逐渐宽广起来。

平既取张氏女，费用益饶，游道日广。——《史记·陈丞相世家》

成为张家女婿之后，陈平摇身一变，不再是人人嘲讽的贫贱子弟，而是当地人阿谀奉承的巴结对象、富贵公子。以前只能"侍丧"的小人物，现在成了当地社祭这种重要活动的主持人，祭祀时分完肉，一群当初嘲笑他的乡亲们，如今谄媚地众口交赞：主持得真棒！

善，陈孺子之为宰！——《史记·陈丞相世家》

嫌贫爱富，这便是人情世相。

这也是陈平第一次大获成功的人生投资，似乎从中尝到了投机的甜头，便更加执着地把摇摆逐利作为取胜的不二法宝。

很快陈胜起义，天下大乱。陈平就近投奔了魏王，任太仆。起义之初，钱粮是最重要、最紧缺的物资，而太仆一职又是魏王亲近官职，可想而知，陈平必然是带资入股，博取高官。妻家的资本再次为他发挥了重要作用。

旋即他又离开魏王，投奔项羽，再然后离开项羽，投奔刘邦。

陈平和沛县功臣集团之间的关系非常恶劣。原因大约有二，一是陈平是秦灭之后，中途奔汉，而沛县功臣却大多数与刘邦是旧识，从起义之初便跟随刘邦一路西进，算是元老，这种亦臣亦友的关系，导致他们对陈平这样的外人比较排斥。二是沛县功臣，基本都是出生入死，在秦末战争中靠舍命拼杀而换来的官爵，对陈平这样的谋士以口舌取利非常鄙夷。陈平越被刘邦信任，沛县功臣便越嫉恨于他。

周勃和灌婴等都曾在刘邦面前提醒过，要注意陈平的人品，称其虽然美如冠玉，却败絮其中，在家和嫂子私通，在魏国、楚国都不得重用，喜欢接受贿赂，是个反复乱臣。

平虽美丈夫，如冠玉耳，其中未必有也。臣闻平居家时，盗其嫂；事魏不容，亡归楚；归楚不中，又亡归汉。今日大王尊官

之，令护军。臣闻平受诸将金，金多者得善处，金少者得恶处。平，反覆乱臣也，愿王察之。——《史记·陈丞相世家》

尽管如此，刘邦还是选择了留下陈平。陈平的人品缺点很明显，优点也同样明显：头脑清晰，诡计多端。楚汉相争时，正是用人之际。正如推荐陈平的魏无知所说：今天就算把道德完人放到面前，假如对胜负无所帮助，陛下您用得上吗？但凡有利于战局，盗嫂受贿又有什么关系呢？这一点上，刘邦和后世的曹操一样，懂得抓战争期间的主要矛盾。

而陈平也确实靠计谋帮到了刘邦。虽然离间范增一事如同儿戏，不可当真，但荥阳城被围时，他出计以两千女子作为诱饵吸引楚军，又在平城，出奇计解匈奴包围，两次救刘邦逃出生天。献计假装出游，以力士轻松抓捕韩信的，也是陈平。

陈平的才能用在战争或动乱时期，正得其时。而"反复乱臣"一词，用在他身上，也恰如其分。

刘邦病重时，樊哙领军征讨燕王卢绾。有人告密称樊哙党于吕后，刘邦大怒，令陈平为使者传旨，斩樊哙头于军中；又令周勃同行，接替樊哙统领大军。

陈、周两人行至半途，商议道："樊哙虽党于吕后，毕竟是陛下的故人，又立有大功。陛下现在一时忿怒要砍他头，万一后悔，到时恐怕要砍我们俩的头。不如将樊哙绑了，带回去让陛下亲自处置。"

虽说是商议，但可想而知，这一计划，大概率是由陈平提出，而木讷的周勃大约只能唯唯称是。

两人照计而行，由周勃接替军权，陈平押着樊哙返回长安。不料行到一半，从宫中传来了刘邦驾崩的消息，使者同时传诏，令陈平立刻赶到荥阳城屯兵驻守。

政治嗅觉灵敏的陈平脑中飞快地计算一番，顿时知道不可以有丝毫犹豫，也绝对不能按照命令赶去荥阳。先帝驾崩，正是政局动荡、人事变换最剧烈的时候，往往很多人的生死、升迁就取决于这一刻。这个时候，离权力中心越近，主动权就越大。

他当即离开押送樊哙的大队，没有去往荥阳，而是自己先行一人飞速赶回京城。入得宫中，第一时间到吕后面前奏事，并强烈表示希望可以留在宫中宿卫，借此机会得以亲近吕后。

尽管《史记》并没有记载陈平奏了些什么事，但庶几可以猜测，必然是向吕后表达忠心，并称先帝赐死樊哙，幸而自己巧施妙计，保全了您的妹夫之类。

陈平成功地留在了政治旋涡的中心，这恰恰是他所希望的。

吕后令他"傅教孝惠"，当孝惠帝的老师。但从后续的发展来看，比如孝惠帝六年，他和王陵分列左右丞相；孝惠帝驾崩之后，吕后又架空王陵，升陈平为右丞相，足见陈平在孝惠帝和吕后之间，是站在母亲这一边的。

高后二年，陈平在吕后授意下，主导了一次对多达一百多名功臣的重新排位，其目的自然是为吕后广加恩惠，拉拢功臣、巩固朝政。

陈平对吕后极尽献媚，却仍然在吕后政治的末期被排挤出了权力中心。如前所述，虽然他位居右丞相之职，是三公之首。但丞相是政府序列的首长，而吕后执政，政令多由宫中出，真正握有实权的，反而是审食其、朱虚侯刘章这样在宫中最亲近吕后的宠臣。

"食其故得幸于太后，公卿皆因决事。""诸吕惮朱虚侯，虽大臣皆依朱虚侯。"——《资治通鉴·卷十三·汉纪五》

此时的陈平，陷入了人生最大的困境，既融不进吕后的宠臣圈，又被周勃等沛县元老所不齿。他位极人臣，却真正成了宫中朝中的边缘人物。

有一日，陈平在家中静坐深思。忽然有一人从门外大踏步冲进来，请安道："陈丞相眉头紧锁，面带戚容，不知在忧虑什么呢？"

陈平抬眼一看，来的人是口才极好的辩士陆贾。陆贾在高祖时期便深得重用，经常作为使臣出入各方势力，常能不辱使命，到吕后时期，也受到排挤，干脆称病免职，闲居在家。

陈平苦笑一声，反问道："陆生，照你看来，我在忧虑什么呢？"

陆贾道："足下位居上相，食邑三万户，人间的富贵，莫过于此。然而心中仍有忧愁，不过是担心诸吕和少主罢了。"

> 然有忧念，不过患诸吕、少主耳。——《史记·郦生陆贾列传》

这里要注意的是，陆贾所谓"患诸吕、少主"，只能当成辩士的一种沟通辞令。陆贾自然无法直接说出"陈丞相你是在担心自己失势吧"这种刺耳之话，但是抬出"诸吕"这种漂亮理由，陈平一听就懂。

"陆生所言极是，所以应该如何是好？"陈平果然问道。

陆贾道："将相调和，则人心归顺。人心一旦归顺，哪怕天下有变，大权也不会轻易旁落。如今之计，全在丞相您和周勃周太尉掌握。我曾经也和周太尉说及此言，太尉却不当回事。丞相何不主动一些，和太尉结交呢？"

> 臣常欲谓太尉绛侯，绛侯与我戏，易吾言。君何不交驩太尉，深相结？——《史记·郦生陆贾列传》

这里透露出来的信息是，陆贾非常积极地联络各路失势的功臣，以建立同盟关系，早就有谋变之心。而且他首先的活动对象是太尉周勃，而周勃的反应却是"你开玩笑吧"，并不当回事。这个反应也符合周勃"木强敦厚"的性格。而到陈平这里，两人却一拍即合。可见在谋变的计划里，首先周勃是不可缺的人物，是实干派，但周勃太忠厚了，需要有人诱导，而陈平足智多谋，恰好是诱导他的最佳对象。此计划里唯一要解决的，便是陈、周二人之前不和的关系。

恰好周勃的寿辰快到，陈平便出五百金为其贺寿，周勃不作怀疑，两家开始礼尚往来，逐渐熟络。

与此同时，陈平赠送陆贾五百万，让其继续在其他公卿之间活动，为他们的大事争取更多支持者。

陈平乃以奴婢百人，车马五十乘，钱五百万，遗陆生为饮食费。陆生以此游汉廷公卿间，名声藉甚。——《史记·郦生陆贾列传》

失势的陈平，在等一个翻盘的机会。他的人生曾经历过无数次危机，这一次，他也要反败为胜。

高后八年的七月，统治帝国的女强人终于走到生命尽头。

在过去的半年时间里，她的精神状态已经变得很差。特别是三月份，她出宫参加祭祀，在回途中，一条黑犬似的东西忽然直冲而来，左右拦持不住，跳至她的腋下。据占卜者说：这是被她害死的赵王刘如意的鬼魂作祟。从此，她的健康每况愈下。

她躺在卧榻之上，打量自己治下的大汉，半是欣慰、半是担忧。欣慰的是，她认为亲手巩固了刘吕联盟，培植了众多亲信大臣，不服的基本已经清除，这样的政治架构起码在身后值得依靠。担忧的是，天子毕竟年幼，一旦自己驾鹤西去，少帝能否驾驭得了这些如狼似虎的诸侯王和功臣。

她思来想去，还是需要做最后的一次部署，以保万无一失。

她在病榻前叫来两位侄子吕产、吕禄，以吕禄为上将军，统率北军；以吕产为相国，统率南军。两人血缘既最亲，功劳又有说服力，以他们掌握两支禁军，自然可以保证大局稳定。

吕后仍不放心，拼尽最后一口气，语重心长告诫两位侄子道："我死之后，尔等领兵好生守护宫殿和少帝，切勿送葬。万一大臣生变，千万别为人所制！"

我即崩，帝年少，大臣恐为变。必据兵卫宫，慎勿送丧，毋为人所制！——《史记·吕太后本纪》

这里有个小小的地方，需要作一讨论。即吕产、吕禄究竟是这时才统率南北军，还是一直以来都统率南北军。

之所以存在疑问，在于八年前孝惠帝驾崩的丧礼上，张良儿子张辟疆对陈平提出的建议里便有请吕台、吕产、吕禄统领两军一项，于是有人据此称，二人从高后元年起即掌握军权。

这一结论值得商榷。一是假如当时就已领南北军，何以到吕后临终前又再任命一遍？二是南北军是分别负责宫城内外安全的军队，平时由九卿中的卫尉、中尉掌管，高后时期另有亲信任卫尉、中尉之职，不必再由吕产、吕禄领军。三是孝惠帝刚驾崩，当时吕氏外戚还有吕则、吕嘉、吕更始等，张辟疆为何就能独独选中吕产、吕禄这几人领军？

因此，个人倾向于张辟疆之提议，属于常见的后人写史所用的"总说"，即以后来事实前置到某处一并提及。吕产、吕禄这两名吕三代，到此时才临时受命，掌握军权，因为他们要防备的，本来就是吕后驾崩的特殊时期，并非常时。

数日后，吕后溘然长逝。她做了自己认为最妥善的安排，却不曾想，也因此留下了巨大隐患。

其一，是以吕产为相国，相当于真正架空了左右丞相这两人。陈平为右丞相没有实权，本就不满，"陈平为丞相，不得任事。"——《史记·绛侯周勃世家》；左丞相审食其则全凭吕后一人宠幸，吕后一去，他也失势。

其二，吕产、吕禄统军，又架空了身为太尉的周勃。"太尉绛侯勃不得入军中主兵。"——《史记·吕太后本纪》。如前所述，当陆贾劝说周勃时，周勃本无意为乱。如今，却为形势所逼，迫使他和陈平更加走到同一条战线上去。

而反应之大，最令人意想不到的，则是吕后生前器重的、齐王刘襄的弟弟、也是吕禄的女婿：朱虚侯刘章。

第六章　一场诛吕阴谋

吕后驾崩后不久，齐王刘襄便接到一封从京城发来的密信，写信的人是二弟朱虚侯刘章。

信中劝齐王立刻以诛吕为名，发兵西进，届时他将和三弟东牟侯刘兴居为内应，事成之后，便以齐王为帝。

齐王一见此信，喜出望外。

如前所述，齐王一系实和吕后渊源最深，关系最铁。老齐王刘肥，是刘邦私生子，在乡间时就和吕后非常熟络。到新齐王刘襄时，又令刘章、刘兴居入宫宿卫，担任亲信之职。只不过吕后仍然留了个心眼，既重用齐王一系，又防备其实力过强，在去世的前一年，将齐国割出琅琊一郡给高祖堂弟刘泽，封其为琅琊王。刘泽之妻，为吕后侄女。吕后此举，既为削弱齐国实力，又为多培植一名强劲帮手。

齐王和汉朝廷的同盟，是靠两样东西建立起来的，一是吕后和父亲刘肥的关系，二是吕后的威权。刘肥一死，第一层联系已经脆弱不堪，吕后再驾崩之后，同盟随即名存实亡。

对于齐王来说，皇位的诱惑显然更大。他心中甚至还可能不平，论长幼，他父亲才是高帝长子，他才是高祖长孙，只不过因为父亲是私生子，才没有继承帝国的资格。如今的少帝，年幼无知，既无治国实权，又无亲信辅臣。此时不取而代之，更待何时？

而对于朱虚侯刘章来说，这一封密信显然也是经过周密计算。他的身份比兄长齐王要更复杂，他既是刘氏宗亲，又是吕禄的女婿。岳父虽然统领北军，但权势不如既统领南军，又身为相国的吕产。刘章曾经最大的靠山其实是吕后，只不过靠山已倒，而京城中失势的一班旧功臣早就对得势的吕氏虎视眈眈、蠢蠢欲动。从各种方面考虑，他都必须要找一个更稳固的靠山，找一条更安全的出路。

还有什么比辅佐自己的亲兄长当上天子更合适、更稳固、更安全呢？

他的密信一传到，齐王就启动叛乱计划。

叛乱之初遇到了一点小小的挫折，汉朝廷为每个诸侯国都设置了相国，名义上是辅助诸侯王治国，实际更起监视和限制作用。齐相召平得知齐王有叛乱之心，第一时间派兵包围了王宫。

齐国中尉魏勃使诈，骗得军权，反过来包围了相府。召平无奈自杀。齐王顺利清理了国内汉朝廷的耳目眼线。

随之，齐王把目光投向了当初从齐国割出去的琅琊国。琅琊国近在肘腋，琅琊王刘泽又是吕后侄女婿，必须拉他一起起兵，消一敌、增一友，否则极易在后方生患。

齐王遣使者劝说刘泽道："吕氏欲在京城作乱，齐国身为刘氏宗亲，正准备发兵西讨。只是齐王自以为年少，从未经历过兵革战阵，战战兢兢，怕耽误社稷大事。大王您自高帝时就为将军，四面攻伐，战无不胜，因此齐王愿举全国之力，听您指挥调遣。请大王到临淄一聚，共商详情。"

琅琊王刘泽一听，自然知道"吕氏作乱"只不过是起兵的借口，真实的目的是觊觎皇位。对于任何一名刘氏宗亲来说，这都是一个很难拒绝的诱惑，哪怕刘泽只是高祖刘邦的堂弟，也不例外。

刘泽满心欢喜地赶到临淄，马上发现不对劲，齐王再也不提听他指挥调遣的事了。刘泽这才明白齐王并非要尊他为盟主，只是找了个理由挟持自己而已。齐王真实的目的，是要发动琅琊国的兵马一起起事，从而无法在后方成为自身的隐患。

于今之计，脱身为上。刘泽便借机对齐王道："大王您是高帝长孙，于情于理，都该立为天子。只是仅仅你我两国举兵西讨，实力毕竟单薄。如今功臣元老在京城中，犹豫观望，徘徊不定。我在刘氏宗亲中年纪最长，略有威望，留在此处毫无作用，不如派我入京游说大臣，助大王一臂之力，如此大王必能义旗一举，传檄而定。"

齐王既已发动琅琊国国中兵力，倒也不担心刘泽有其他企图，便放他入关而去。

随即，齐王向各诸侯王发出檄书，历数吕后与吕氏各项罪状，举齐和琅琊两国之兵，向西进发。

值得一提的是，这封檄书首次正式向吕后本人兴师问罪，在如此正式的一封文书里，仍然没有提到吕后有违背"白马之盟"，不得不更令人怀疑"白马之盟"的真实性。檄书最后虽然提到"诛不当为王者"，但纵观前后文，齐王之所以认为几名吕氏不当为王，只是因为他们的地盘是从刘氏王手中分割出来的。

东方举兵的消息传到长安城内，相国吕产大惊，连忙派遣灌婴将军前往征讨。

却不料，灌婴领着大军赶到荥阳后，驻扎下来，遣使和齐王约和，准备拥兵坐观其变。

这样的一个举动，实际上暗示着，灌婴已经知道京城中即将爆发一场剧烈的变动，作为一名功臣元老，他的立场已经非常明显。

而长安城内，陈平和周勃等人的部署已经开始启动。

他们瞄准的第一个对象是吕禄，吕禄统领的北军，负责长安城内各城门的守卫。只要夺得北军的控制权，就相当于控制了整个长安城的出入，自然可以将内部的诸吕一网打尽。

但是通过什么途径来夺回北军军权呢，手中尚无兵卒，强来自然不行，陈平、周勃想到的计策是诓骗。

朝中有一员老将郦商，即是当年被烹杀的策士郦食其之弟。郦商虽是功勋，却非沛县集团人物，后立场逐渐偏向吕后，其子郦寄和吕禄感情尤其交好。陈平、周勃使人劫持郦商，逼迫郦寄前往游说吕禄。

郦寄不得已，前往吕府，劝吕禄道："大王知道此刻外面是何形势吗？"

吕禄自然知道齐兵以"讨伐吕氏"为名西进之事，正一筹莫展呢，便问："足下有何高见？"

郦寄道："当今之时，太后驾崩，少帝年幼，大王身配赵王之印，却不前往封国，偏偏担任上将，领兵在京城逗留。大臣、诸侯不知大王意欲何为，人人自危，谁不狐疑？臣窃以为，大王何不归还将印给太尉，请梁王吕产归还相国之印，吕氏和大臣盟誓，各自回到封国。如此大臣心安、齐兵必罢。大王回到赵国也可高枕无忧，治千里之疆，此乃万世之利。"

吕禄听完一时犹豫不决，毕竟齐王的矛头直指吕氏整个家族，于是使人把郦寄的建议报吕产和吕氏其他老人一起商议。众人议论纷纷，有的认为可行，有的认为不妥，比如樊哙之妻吕媭便极力反对。"身为将军，弃军而去，我看吕氏再无容身之处了！"说完吕媭气愤地将家中珠宝丢弃一地，道："何必再为他人守此财富！"

吕氏计无所出，陈平和周勃却不能再等了。

高后八年八月庚申日，是吕后下葬后的第三十九日，齐王逼死齐相后的第十四日。

这一天的早晨，曹参之子，时任御史大夫的曹窋照例去见相国吕产商议公事。谈话间，郎中令贾寿匆匆闯进来，他是从前方出使齐国而来。他一进来就焦急地数落吕产：

"大王为何不早日辞相位，回封国去？如今就算想回，恐怕已无机会。"

吕产惊问何事。贾寿把前方灌婴和齐国合纵的事情悉数道来，催吕产赶紧进宫应急部署。

曹窋在旁一一听在耳里，默不作声。

等从吕产那里出来，曹窋连忙赶往陈平、周勃处通风报信。

这个消息对于功臣集团来说，无疑是个噩耗，他们还没有夺得北军的控制权，吕产就有可能先行一步，实行反制。因此，整个计划必须马上启动加速、刻不容缓。

这时，父亲被功臣挟持的郦寄再次受命，前往劝说吕禄。

郦寄作出十万火急的样子道："陛下已令太尉来统管北军，让大王赶紧前往封国。事情紧急，赶紧把将印留下即刻启程，否则恐怕有大祸临头！"

帝使太尉守北军，欲足下之国。急归将印，辞去！不然，祸且起。——《史记·吕太后本纪》

吕禄这次相信了这位好友的劝告，一方面郦寄火烧眉毛的样子看上去煞有介事，另一方面，吕禄本身心里就早已动摇，否则当初就不会把郦寄的建议拿出来和吕氏家族商讨了。

等到周勃匆匆赶来时，吕禄早已离去。

周勃举着将印对北军士兵道："拥护吕氏者袒露右臂，拥护刘氏者袒露左臂。"

士兵当然不傻，纷纷褪下左臂上的衣服，表示听命于周勃。

周勃将一千多士兵交由朱虚侯刘章道："吕产估计已入未央宫，速速进宫保护陛下。"

刘章领着人赶到宫中时，吕产正左右徘徊，不知所措，见刘章前来，慌乱躲避，被杀死在厕所之中。紧接着刘章又赶到长乐宫，杀死卫尉吕更始，才回到北军向周勃禀报。

周勃这才松了一口气，道："最担心的就是吕产，吕产一死，天下已定！"

第二日，功臣集团派兵在城中搜捕吕氏家族，无论男女少长，统统斩杀，包括樊哙的妻子吕嬃、儿子樊伉。

第七日，派遣刘章以诛吕之事告知前线，齐王因此罢兵，灌婴也率军从荥阳赶回长安。

一场血腥暴力的阴谋政变，就此落下帷幕。

但是回顾整个事件，有几个问题必须重新审视一下。

第一，吕氏究竟有没有叛乱。尽管诸侯王和功臣口口声声吕氏"欲为乱"，甚至称其"欲危刘氏而自立"，但我们在所有记载的字里行间，看不到任何证据，至少没有为乱之实迹。从吕禄和吕产应对功臣事变的反应之仓促和慌乱来看，也丝毫不像有任何乱的计划。而功臣集团的行动却周密部署，从刘章写给齐王的反信，到灌婴驻兵荥阳坐观其变，到挟持郦商逼迫其子担任说客，再到曹窋在其中扮演的角色等，无一不是提前计划好的。与其说吕氏欲为乱，不如说功臣欲为乱来得更合适。

第二，刘章既劝兄长齐王自立，在行动中，却又全程接受功臣部署，充分说明功臣集团和诸侯王早已联合，并且应当是由刘章担任中间的联络人。这两大集团不会平白无故联合，一定要有能满足双方的利益条件。功臣集团的利益诉求很简单，驱除吕氏，重新掌权即是他们的目的。刘章和弟弟刘兴居的诉求也很简单，他们身为侯爵，假如政变后能晋升为王，封得一块好地，便有足够的驱动力。

> 始大臣诛吕氏时，朱虚侯功尤大，许尽以赵地王朱虚侯，尽以梁地王东牟侯。——《史记·齐悼惠王世家》

这一段原话的表述容易有歧义，让人以为功臣和刘章、刘兴居达成条件是在诛吕之后，看到刘章立有大功才许以赵国。如果是这样，那刘兴居在诛吕中并无功劳，何以要许以梁国呢？可见该事应在诛吕前，是功臣集团以赵国、梁国为诱饵，完成了对两位刘侯的招募。

齐王的诉求则有两大可能，一是齐国曾在吕后手中被割出去城阳、琅琊、济南等郡，国力财力大损，恢复旧有国土，这应是他最低的要求；二是干脆借此机会自立为帝。无法确定功臣集团究竟应允了齐王什么条件，但总不外乎这两条。

第三，最后的政变中，表面上处处由周勃部署行动，但不能忽略幕后另有一位关键人物：陈平。

> 绛侯乃与丞相平谋，使人劫郦商。——《史记·吕太后本纪》

> 平阳侯（曹窋）颇闻其语，乃驰告丞相、太尉。——《史记·吕太后本纪》

丞相平乃召朱虚侯佐太尉。——《史记·吕太后本纪》

及吕太后崩，平与太尉勃合谋，卒诛诸吕。——《史记·陈丞相世家》

吕禄、吕产欲作乱关中，朱虚侯与太尉勃、丞相平等诛之。——《史记·齐悼惠王世家》

各种迹象表明，陈平在政变中担当的应是主谋，居于核心地位。他发挥了自己"长于阴谋权术，善于见风使舵（李开元语）"的特点，从一名积极的亲吕派，一改而为反吕集团首脑，主导了这一场腥风血雨的屠杀。

中国人常说"盖棺定论"。意即：一个人死后，才能对其一生作客观、综合的定论。

虽然矛盾冲突、利益争斗是惠帝朝和吕后朝的主线，但我们不能仅仅把眼光盯在政治内耗上，也要简要看一看这总计十五年里的治国纲要和整体民生。

孝惠帝执政七年，基本确立了汉朝以"孝"治国的伦理，自他起，天子谥号里都冠以"孝"字，这一习惯，后来甚至影响到匈奴。

在理念上，无论孝惠或吕后，都坚持与民休息，尽量不多生事，鼓励百姓生育、农耕，尽可能快速地让国力、人口从战后的疮痍中恢复过来。

比如惠帝四年，曾下诏免除能力耕者的田租，这自然是为了鼓励生产。惠帝六年，允许百姓售卖爵位，以免苦于贫困。同是六年，对十五岁至三十岁之间未嫁的女性，征收五倍人头税，目的是鼓励婚育，加速恢复人口。再如高后元年，废除诛三族的酷刑，废除妖言令，即传播谣言之罪，给百姓创造一个更宽松的法律环境。

在对匈奴的外交政策方面，也是以和为主，不轻易主战，以免伤民本。匈奴冒顿单于曾写了一封国书给吕后，措辞傲慢猖狂，极尽侮辱之态。大意是，吕后刚死了丈夫，他也恰好死了阏氏，鳏夫寡妇，不如凑一对儿做个相好。吕后一度怒不可遏，最后仍按捺心火，采取了以宗室女和亲的策略。

并非说一味隐忍才是对的，但汉初国力衰弱，百废待兴，生民则嗷嗷待哺，企望休养。惠帝和吕后的治国理念，显然是顺应时代和民心的。忍私人之忿，利百姓之生，这是大智。

但回头来书，"盖棺定论"这个词本身就很难客观，至少用在孝惠帝和吕后身上，它并不合适。

如前所述，正因为功臣集团和诸侯王这一场诛吕之变，对惠帝和吕后的"定论"，自然要涂抹修改。包括后来即位的新天子汉文帝，如何"适当"评价吕后，关系到政变和即位的合法性。吕后若行事光明，则他们是乱臣；只有吕后变成危及刘氏江山的罪人，他们才能变成拨乱反正的忠臣和救亡者。

在这样一个不言而喻的逻辑指导下,吕后的跋扈和野心被无限放大,为了突出这位母亲的残忍和独断,还有意夸张了孝惠帝的仁弱。

盖棺定论客不客观,也要看由谁来论。

时光再往后推两百年左右,东汉建武二年,一支被称作"赤眉军"的农民军队在长安附近四处劫掠,他们知道这里埋葬着汉朝的诸多帝王后妃,于是大肆挖掘,希望得到那些已经被带入地下的宝藏财富。

这是一支陷入疯狂、穷凶极恶的队伍。

《后汉书》载:"(赤眉军)发掘诸陵,取其宝货,遂污辱吕后尸。凡贼所发有玉匣殓者,率皆如生;故赤眉得多行淫秽。"

如果前面的"污辱"还有不同的理解,后面的"淫秽"两字,应该很可以说明赤眉军对吕后的尸体做了些什么。

吕后死的时候六十二岁,从她去世到这一年是二百零六年的时间。虽然现代考古经常能挖掘出一些保存完好的千年干尸或浸泡在液体中的湿尸,但死了两百年,要完全如史书所说"如生",也是不大可能。当然,也不要怀疑是不是真有人愿意污辱这样的尸体,如果你看过一些战争年代的具体记载,就会知道,巨大生存压力之下的士兵,作出任何变态的事情,都在情理之中。

但"污辱"吕后的,并不仅仅只是赤眉军。

我们注意到原文里有"凡贼所发有玉匣殓者，率皆如生；故赤眉得多行淫秽"，可见第一，形容如生的不是只有吕后一个；第二，多行淫秽说明遭殃的也绝不止吕后一人，诸陵之中，还埋葬了文帝的母亲薄太后，武帝的母亲王太后等，恐怕也难逃被辱。问题来了，为什么独独要点出吕后，而其他人史官就隐去姓名，"为尊者讳"了呢？

不久之后，东汉光武帝又做了一件事，他直接把吕后的牌位从高庙中移了出来，认为她不配在刘邦的身边享受祭祀，而改以文帝的母亲薄太后为高皇后。

这说明自诸吕之变以来，不管吕后真实为人如何，其名字在后世已经成为了一个符号，一个后宫乱政、导致外戚掌权的典型。为了警戒后世，所以才要单独点出她被乱军行淫秽一事。

说到底，这是一场帝王、将相、史官、暴民对一个死去女人的集体污辱。

第七章　北国来的新天子

在诛杀吕氏这场政变的过程中，不同的利益集团因为共同的目的暂时联合到了一起，这一共同目的即是，消灭吕氏以分得更大份的蛋糕。

政变成功后，就到了分配蛋糕的时候了。联合在一起的集团因为如何分配重新有了分歧。

最大的分歧和核心问题是：该由谁来成为新的天子。

有一点是可以肯定的，吕后立的少帝，也就是孝惠帝的儿子，绝对不能继续坐在帝位上了。

理由很简单：他毕竟是吕后所立，是其亲孙，一旦将来长大懂事，知道大臣们将自己外家亲戚灭门，难保不秋后算账。

而所立即长，用事，吾属无类矣！——《资治通鉴·卷十三·汉纪五》

因此，大臣们几乎是异口同声，一起诬陷少帝及其他孝惠的儿子并非孝惠亲生，没有为帝的资格，不如从现有的诸侯王中选取一位来当新皇帝。

至于选哪一位，众口不一。

最有资格入选的，当时大约有三人，高祖刘邦之孙齐王刘襄，以及高祖之子淮南王刘长、代王刘恒。

论理，齐王乃长孙；论功，齐王首先发兵，在外大张旗鼓，对于吕氏形成了巨大压力，有足够的理由立为帝。支持齐王为帝的，大约以其二弟朱虚侯刘章、三弟东牟侯刘兴居为主。齐王之反，本就由刘章写信怂恿而成。对于此二人来说，齐王即位，利益才能最大化。

但事到如今，刘章却发现，形势并非他能左右。政变虽由齐王首先发难，形势却始终为功臣集团，特别是陈平所掌控。而政变的一大结果，则是重新由周勃掌管了南北两军的军权。此时话语权究竟落在谁手中，不言而明。

功臣集团反对立齐王为帝的理由很直接：齐王的外家势力雄厚，很容易成为另一个吕氏，我们不能刚从一个坑出来，又掉进同一个坑。

今齐王舅驷钧，虎而冠，即立齐王，复为吕氏矣。——《资治通鉴·卷十三·汉纪五》

反对齐王最激烈的人，正是当初起兵时被诬骗到齐国的琅琊王刘泽，他好不容易脱身而出，此刻以宗室里辈分最高、年纪最长的身份主张这一意见。遭刘泽和功臣集团集体反对，刘章毫无办法。随之，淮南王刘长也被排除在外。理由是年幼，以及外家也过于强大。

欲立淮南王，以为少，母家又恶。——《史记·吕太后本纪》

这一理由值得商榷，该年刘长已经十九岁，绝对不能算是年少。其母家实力如何，未见详载。

刘长的母亲，本是刘邦女婿张敖的美人赵姬，张敖将其送给岳父。刘邦临幸过后，赵姬后因事下狱，在狱中产下刘长。赵姬托审食其为其求情，审食其并未照办。赵姬因此自尽。刘长刚出生便由吕后当亲儿子一样从小带大，刘长也从此恨审食其入骨。

而审食其虽然是吕后宠臣，却偏偏有证据显示，他在诛吕之变中也倒戈了，和功臣集团保持密切联系。

辟阳侯于诸吕至深，而卒不诛。计画所以全者，皆陆生、平原君之力也。——《史记·郦生陆贾列传》

这句话是说，辟阳侯审食其和吕氏关系十分深厚，但却安然无恙，这是因为有陆贾，这名联络反吕集团的关键人物力保他。

如此看来，不选淮南王刘长为帝的理由，恐怕并非是年幼，可能源于两个原因，一是因为其与吕后的关系较为亲密，也怕他将来秋后算账；二是审食其怕其报复，更不敢主张他即位。

于是，代王刘恒成了唯一最优选择，难得的是，他的外家薄氏也没有太强的势力。

代王方今高帝现子，最长，仁孝宽厚。太后家薄氏谨良。——《史记·吕太后本纪》

在这里，"谨良"的潜台词是：对功臣集团没有任何威胁。

主持了这一场商讨的人，仍然是政变幕后首脑：陈平。

立孝文皇帝，陈平本谋也。——《史记·陈丞相世家》

代国，大约包含有今天山西省、河北省的部分疆域。在西汉时期，为帝国的北疆，毗邻匈奴，有雁门、太原等郡，常常是交兵用武之地。在此处为王、做官，机敏、谨慎、勇毅都是比较重要的品质。

从长安来的使者，给二十四岁的代王刘恒带来了功臣集团的致意，请他立刻前往京城，继任为新的天子。

安置完使者，刘恒陷入了深深的思考。

他此前的人生，命运并没有给予太多青睐，但这种冷落，此刻忽然成了另一种幸运。

他的母亲薄氏，本来是战国时期魏国宗室女儿与人私通产下的私生子。秦末大乱时，魏豹立为魏王，薄氏为妃。后刘邦使曹参灭魏，薄氏被收入汉王后宫，却迟迟得不到临幸。薄氏年轻时，与几名闺蜜管夫人、赵子儿交好，互相约誓：苟富贵，无相忘。后管、赵二人果然先得刘邦宠爱，在那里调笑当年之约。刘邦听在耳里，心中惨然，十分同情薄氏，当夜便召来侍寝。只此一夜，便怀有刘恒。但薄氏大约姿貌才艺确实普通，自此之后，便难得见刘邦一面。

一名得不到帝王宠幸的后妃，其实同时也意味着很多。比如：在她身边就不会拥簇着众多逐利的大臣，她的儿子也就几乎与帝位绝缘，以及意味着这样一个人，对于吕后和嫡子来说，没有任何威胁。

刘邦死后，吕后嫉恨那些受宠爱的后宫，统统实行禁闭。唯独薄氏，却反因以上原因，保全自由，跟随儿子到了代国。

高祖崩，诸御幸姬戚夫人之属，吕太后怒，皆幽之，不得出宫。——《史记·外戚世家》

福兮祸兮，谁能预料。

吕后称制之时，又曾赠送身边婢女给诸侯王，一是为联姻，二是为监视诸侯王动向。如前所述，窦氏因此阴差阳错嫁到代国成为刘恒的王妃。刘恒虽然已有王后，从此却独宠窦氏，也就是后来赫赫有名的窦太后。张小锋先生《吕后出宫人与代王刘恒"独幸窦姬"发微》一文认为："固然有窦姬俊美、伶俐的原因存在，但更重要的是因为窦姬曾是吕太后身边的人，'独幸窦姬'是向远在长安的吕太后传递出这样一个讯息，即刘恒对吕太后绝对忠诚，没有半点不满和异心。从这个意义上说，'专宠窦姬'，是代王刘恒一种巧妙的自我保护。"

"自我保护说"在逻辑上是说得通的，因为同样娶了吕氏女儿的两任赵王，都因为对其不宠而遭告密，最终被处死。

刘恒一生谨慎，从此时就能看出一二。

当这样一个谨慎的、命运并未曾特别青睐的年轻人，忽然接到京城来的消息说要立自己为天子，怎能不犹豫迟疑、陷入沉思呢？

为此，代王刘恒召集起代国的亲信班子，立刻对此消息进行了激烈讨论。

亲信之一郎中令张武代表了一派反对意见，他称："朝廷大臣都是高帝时大将，久习兵事，善谋多诈。当初他们只是畏惧高帝和吕后威望，有所收敛。如今已公然生变，诛灭吕氏，啼血京师，照我看来，他们以即位为名邀大王前去，其实居心叵测。大王万万不可轻信。窃以为，大王应该称病不去，以观其变。"

郎中令一职，是负责代王身边警卫，非腹心不足以担任。张武的意见，刘恒不得不重视。

而中尉宋昌则代表了另一种支持的意见，他摇摇头称："非也。臣请为大王详解当今形势。秦二世以暴政祸乱天下，诸侯豪杰纷涌而起，人人自以为能取而代之，然而最终统一四海、问鼎中原者，唯刘氏而已。刘氏为天子，乃众望所归，此是其一。高帝于各地分封宗室子弟，犬牙交错，盘根错节，天下之人，无不叹服其相制相助之势，此是其二。汉室之兴，去除秦朝苛政，明晰法律条令，以孝德施于天下，百姓人人自安，人心难以撼动，此是其三。即使以吕太后之威严，以吕氏三王之擅权，然而太尉周勃入北军振臂一呼，士兵皆袒露左臂相应，可见人心皆在刘氏。此乃天意，非人力可为。如今就算大臣欲再起变乱，而百姓不为其驱使，何足为患？大王内有朱虚侯、东牟侯子侄之亲，外有吴、楚、淮南、琅琊宗室之援；高帝之子，大王年齿最长，贤明仁孝、闻名天下，所以大臣顺应天下之心而迎立大王。愿大王无疑！"

宋昌乃项羽当初所杀的宋义之孙，中尉负责殿门警卫，也是亲信之职。

两名亲信意见不一，各自有理，令谨慎的代王刘恒更加犹豫不决。

刘恒回到宫中与太后秘密商议，仍然没有形成统一的意见。

既然求人不得，只好求助于天。刘恒令占卜者就此卜了一卦，得到"大横"之兆。

刘恒焦急地问："此兆何解？"

卜者道："大横庚庚，余为天王，夏启以光。这是要做天子的吉兆。"

老天安排的，最大嘛。刘恒心里这才略微安定一些。只不过他仍然决定谨慎行事，不轻举妄动，而是先派舅舅薄昭打前阵，和周勃等功臣集团会一会面。

关于薄昭和周勃等人会面的详情，没有任何明文。《史记·孝文本纪》只是一笔带过："代王乃遣太后弟薄昭往见绛侯，绛侯等具为昭言所以迎立王意。"

但可想而知的是，这绝不可能只是一次简单的意图告知，极大可能要对于将来君臣的合作提一些协议条件。功臣们发动政变的目的就是为了得到好处，但这些好处将来的实现，都必须由新天子来一一兑现。我们之所以迎立你，就是希望你能保证兑现各方利益，因此必须条条框框说个明白。而对于刘恒一方来说，如能真的登上帝位，自然也乐得接受协议，只要条件不太过分。

我们无法得知当时具体谈了哪些条件，但可以略作推测。因为条件一旦谈妥，刘恒必然要在登基之后的短时间内进行兑现，所以我们可以从即位后的第一年的政策安排上作一参考。

孝文帝元年十月，"右丞相平徙为左丞相，太尉勃为右丞相，大将军灌婴为太尉。诸吕所夺齐楚故地，皆复与之。"——《史记·孝文本纪》

这句话里，其实已把君臣间可能达成的协议说个七七八八了。

对于齐王等诸侯王来说，既然称帝无望，最大的诉求即是恢复故有国土，把从前割出去封给吕氏的面积还回来。而对于陈平、周勃等来说，政变的目的本来就在于加官进爵，握有实权。

但是这里面有个细节，周勃任右丞相，的确是达成目的了。陈平作为政变首脑，怎么反而从右丞相降了一级变为左丞相呢？这又如何解释呢？

考诸《史记·陈丞相世家》，陈平是主动让出了右丞相之位，他亲口对文帝说："及诛诸吕，臣功亦不如勃，愿以右丞相让勃。"这一谦让，恰恰是陈平谙熟人心、精于权术的体现。须知，文帝刘恒一方面感激功臣诛吕迎立之恩，另一方面，又极其忌讳此事，身边有一帮虎狼之臣，前次能诛吕，下次不知又要诛谁。陈平准确看透文帝这一心思，因此绝对不愿居诛吕之首功，使自己成为文帝眼中钉，而是把周勃推在明面。此后周勃时不时被文帝敲打警告，与此不无关系。

除了以上条件的兑现，另不妨作一大胆猜测："白马之盟"实为薄昭与功臣会面时所作协议，即实际上它是文帝与周勃等人的约定。

作此推测的依据有几点。第一，吕氏前车才覆，功臣集团和诸侯王此时对于"不立异姓王"的需求最为明显、教训最为深刻，高祖时期反而无此必要。第二，如前所述，我们常常认为"非刘氏为王，天下共击之"是刘邦对功臣的要求，但这种要求只能称为"令"，而非"盟"的形式。只有当"非刘氏为王，天下共击之"反过来是功臣对皇帝的要求，即功臣们鉴于吕氏，因此要求文帝答应：今后不得再封非刘氏为王，否则我们有权利不遵从，如此这一内容才符合"盟"的形式。第三，文帝自然有理由接受这一条件，严防外戚掌权，本来也是帝王的需求，文帝乐得以此规范后世子孙。

在这样一种环境下，"白马之盟"诞生最为合理，同时为了提高政变和即位的合法性，君臣默契地将它提前到了高祖时期，冠于刘邦名下。这也能解释为什么"白马之盟"虽有重重疑点，却又屡次出现在史籍之中。

薄昭和功臣们会面商定一切后，回来禀报："没有什么可疑的了。"

刘恒这才笑着对宋昌道："果然如公所言。"

事不宜迟，刘恒稍作部署，带着宋昌、张武等六人就即刻出发，往长安的方向疾驰而去。既然已经达成协议，行动就必须迅速，时间拖得越长越容易节外生枝。功臣集团人数众多，心思各异，对于谈妥的条件也未必桩桩尽如人意，难保有人不会临时生变。

机敏和谨慎的性格同时在刘恒身上体现得淋漓尽致。

烟尘滚滚，车马嘶鸣。刘恒一行赶到高陵就驻马不前，又派宋昌一人先行入城对接，以观是否有变。

宋昌独自行到长安北的渭桥，离城仅有三里之隔。却见丞相陈平带着文武百官，整齐肃穆，已在桥上列队候迎。宋昌仔细观察众人脸色神情，又四顾周围是否有异，见一切正常，才向陈平等人致意道："劳丞相、太尉稍作等待，我这就回去请代王前来。"

不多时，刘恒等六人坐车从高陵而至。群臣连忙上前拜谒称臣。

刘恒从容下车回礼。

此时，只见太尉周勃忽然上前一步道："臣请大王借一步说话。"

刘恒默不作声，却由宋昌上前一步正色道："太尉所言若是公事，当公开说；所言若是私事，王者不接受私托。"

宋昌此话，有礼有节，维护了刘恒的尊严和面子，令周勃不得不汗颜，也让群臣发现，这个从北方过来的年轻诸侯王，似乎比想象中要来得刚强。

周勃老老实实地跪下，向刘恒进献天子玉玺和符印。

刘恒却按捺住焦急渴望的心情，不慌不忙道："不如到城中的代王府邸，从长计议。"

诸侯王在长安城中，都有各自的府邸，到了府中，起码相当于进了自己的地盘，至少进退有据。

众大臣跟随刘恒到了代王府，陈平、周勃、张苍、刘章、刘兴居等领头，再次拜请道："今上刘弘等人，皆非孝惠帝亲生子，以礼不得奉祀宗庙。臣等与刘氏宗亲、列侯、二千石官员商议，大王乃高帝所余长子，愿大王早即天子位，以安黎民百姓和大臣之心。"

刘恒仍推辞道："奉祀祖宗，此乃大事。寡人无德无才，绝不敢当此重任。楚王乃是高帝之亲弟，德高望重，不如请他来主持公道，重新商议一个合适人选。"

刘恒所说的楚王，是刘邦同父异母的幼弟刘交，理论上楚王即位天子也没有任何问题，因为政变之初，连刘邦的堂弟刘泽也对帝位有觊觎之心。但刘恒不提让位楚王，只是说请他来主持讨论。这自然是一种客套的话术。

于是陈平道："大王万勿推辞，臣等商议已定，由大王继位天子，最合适不过。"说完再次奉上天子玺符。

刘恒这才首肯道："既然宗室、将相、列侯都以为非寡人莫属，寡人不敢再有他言。"

二十四岁的刘恒于是在代王府邸中继任为汉朝的第三位天子，是为汉文帝。

一个弱势的诸侯王，将如何打理一班强横的宗室功臣和这个庞大却又积弱的帝国呢？让我们拭目以待。

第八章　举贤良方正诏

汉文帝刘恒为什么要在代王府邸中即位？某种程度上说也是没有办法的事，毕竟未央宫里还住着一位少年天子呢。

所以这场政变直到现在，其实仍然没有完全结束，还有一些收尾工作需要做。前一段针对的对象是吕氏权臣，可称朝中之变；接下来要针对的，则是皇帝本人，可称宫中之变。

在诛吕过程中无甚表现的东牟侯刘兴居主动请缨，称："臣诛吕时无功，愿为陛下清除宫室。"

刘兴居与刘章二人，先前的努力都是为了能拥齐王为帝，然后以兄弟之亲、背有靠山，随之青云直上。不料事与愿违，两人的身份变得尴尬无比，此时不得不通过重新立功，希望可以博得新天子的好感。

刘兴居在汝阴侯夏侯婴的陪同之下，前往宫中清除障碍。夏侯婴即当初刘邦的驾车人员，也是沛县元老，由他同行更为稳妥，可以提防刘兴居别有企图。

两人入得宫中，少帝眼见一个是自己兄长，一个是爷爷的亲信，却气势汹汹步步向自己逼来，饶是年幼懵懂，也大约猜到了是怎么回事。

刘兴居毫不客气上前厉声道："足下非刘氏子孙，不得立为天子！"

当初也曾口称"陛下"，如今则翻脸称为"足下"。

少帝吓得瑟瑟发抖，连一句反驳的话都说不出来。

少帝身边有一班执戟的警卫，此时也面面相觑，不知如何是好。刘兴居和夏侯婴向他们挥手示意，警卫们才纷纷丢下手中兵器，作鸟兽散。也有几名忠诚之士起初不肯离去，坚持了一会儿发现无济于事，最终都默默退下。只剩少帝一人坐在殿中手足无措，眼神里愈发透露出彻骨的恐惧。

夏侯婴召来车驾，做一手势道："请登车。"

少帝忍不住颤抖着问道："你们准备送我去何处？"

夏侯婴道："出去自有安排。"

就这样，少帝被夏侯婴引着，出了未央宫。这个当初在逃难中屡次拯救他父亲的恩人，如今却成了把他领上黄泉路的引路人。当夜，少帝和孝惠帝的其他儿子，全部被杀死在官邸之中。

少帝出得宫，文帝才得以入宫，但在过未央宫前殿正南的端门时，仍然遇到了一点小阻碍。端门的几名守卫并不知道眼前的才是新任天子，大声呵斥道："天子在宫中，足下有何事要入内！"

文帝第一次入主宫中，便吃了个闭门羹，直到周勃前来救场，才顺利进去。

或许周勃以为这只是个小小的意外，他没有意识到的是，这一天在渭桥和端门的两件事，已经在文帝心中深深地扎了一根刺。在高祖刘邦眼里，周勃"木强敦厚，可属大事"。但是在初来乍到、暂居弱势的文帝眼里，这个功臣仗着元老身份，鲁莽跋扈，好生事端，是个十足的权臣。这口气他暂且可以忍下，但是绝对不允许此人长期在身边霸占要位、操持权柄。

从第一天见文帝起，周勃已经种下祸根。

宫中的第一夜是漫长的一夜。

文帝没有任何时间、没有任何心情好好享受这突如其来的人间富贵。如果非要用词来形容他此刻的感受，恐怕只有"深陷虎穴""如履薄冰"这些才能形象刻画。他做了十五年的代王，从来没想过会有这么一天，身居帝国权力的最高位，但包围自己的却是一班陌生的虎狼之臣。比起享受富贵和权力带来的快感，他更急迫的需求是保住自己的安全，做到万无一失。活下去，才能赢。

当夜，文帝马不停蹄地布置了上任以来的第一次人事安排。

乃夜拜宋昌为卫将军，镇抚南北军；以张武为郎中令，行殿中。——《史记·孝文本纪》

紧接着，立刻颁布第一封诏书，称"吕氏欲行谋逆大罪，幸好有宗室和大臣们拨乱反正，本人新为天子，大赦天下，普天同庆"云云。

夜下诏书曰："间者诸吕用事擅权，谋为大逆，欲以危刘氏宗庙，赖将相列侯宗室大臣诛之，皆伏其辜。朕初即位，其赦天下，赐民爵一级，女子百户牛酒，酺五日。——《史记·孝文本纪》

这里特别想强调一下上述两段原文，《史记》《汉书》《资治通鉴》对此段记载大同小异，但我特别选取了《史记》的文字，因为只有司马迁，连用两个"夜拜"、"夜下"，描绘文帝紧急部署的场景，仿佛如画。所谓文字高深，有时就在细节处。

这样的一封诏书，相当于为政变作一官方定性：认为吕氏要危及刘姓的宗庙社稷，才导致诸侯和大臣的集体不满。这样一来，无论是诛吕还是他本人的即位，即符合孝道又充满正义。不要小看"定性","定性"的目的在于"正名"。所谓"名不正则言不顺",诏书及时颁布,至少缓释了参与政变者的精神压力。既然官方都认为我们所做之事是正当的,所杀之人是该死的,则我们再也不必担心将来因此被清算。

而这两项人事安排,则是文帝以自己代国集团里的亲信,宋昌和张武两人,暂时掌控了长安城和宫殿里的军队。这一任命,应该是早就和周勃达成协议的,否则不可能在第一天就轻松实现而无任何反抗。周勃放弃军权换来的,是升任政府首脑右丞相,以及增加食邑和金钱赏赐。

如前所述,在即位的第一年里,文帝的方针主要以兑现协议、安抚各方势力为主。一方面,言而有信是树立威信、拉拢人心的一条途径;另一方面,只有将各种利益集团安抚好,才能化解他们原先已经结成的联盟。

但对于文帝来说,更重要的,是要尽快在中央政府系统内,打造一个信得过、用得着,且绝对忠于自己的班子。

汉建国以来,到文帝登基,已有近三十年。多数功臣一来仗着曾经出生入死,自以为功高资重,文帝对他们既无恩德、又无威望,总归难以驾驭;二来功臣们也面临年龄衰老、青黄不接的问题,比如萧何、曹参、樊哙、张良等人,均已故去,其他元老也垂垂老矣;三来功臣们也许平定天下的经验足够丰富,但如何守成却未必个个是专家,特别是沛县元老,几乎均是起自民间底层，学识相当一般。因此，无论是从安全的切身角度，还是从治国的长远角度来说，文帝都要组建一套自己的班子，让政府内部的官僚从军功阶层，逐渐向专业人才过度。

问题是，这些专业人才从哪里来呢？

代国的原有班子自然可以调用，但也只能选择其中的亲信和精英，不可能整体搬过来，且并不是长远之计。

最好的方法，是有一种上升的渠道，让基层和民间的人才，可以通过这种渠道自然涌现，出现在自己的视野中。

文帝二年的十一月，发生了一次日食。在古代，天和太阳都被用来当作是天子的象征，日食作为一种异常的天文现象，常常被认为是天子的行为有所失当。

于是在冬天即将结束时，文帝颁布了一条著名的罪己诏。这封诏书名为罪己诏，但让它产生巨大影响的，是其中求贤的内容。

由于诏书之重要，为便于理解，将其全文意译如下：

朕听闻，上天为芸芸众生设置君主，是为了抚养和治理他们。人君德不配位，施政不均，上天就要以灾异来警告他的不作为。不久前，大汉发生日食，这正是上天的警示，还有什么比这个更严重的吗！朕以渺小的身躯，有幸被黎民百姓爱戴而奉祀宗庙，天下安定或动荡，重任系于一身，然而朕平时却只能听到两三名股肱之臣的肺腑之言，岂不可惜？朕若治国无方，上有负苍天所托，下有负嗷嗷众生，罪大恶极。希望见此诏令者，深思朕的过失，细察朕的不足，坦诚地来告诉朕。同时，希望各方能推举贤明优秀、公道正派且敢于直言进谏之人，来帮助朕弥补过错。请务必做好本职，节省费用，惠民便民。朕的恩德既然有限，不能传播于远方，因此总是寝食不安，担心外族来犯，边境军务一直未敢放松。现在我要带头节约，但军费不能省，所以决定裁减卫将军宋昌禁卫之军（非原南北军），太仆的马够用就行，其余的全部送到各地驿站为百姓服务。

这封诏书，除了前面一部分是客套的空话外，后面主要说了两件事，一是要提倡节俭，二是要推举"贤明优秀、公道正派且敢于直言进谏之人"。第二件事的意义实在太重大了，因此这封诏书也可以干脆称为"求贤良方正诏"。

之所以说其意义重大，在于它开创了一种针对性的专科人才选拔方式。

汉初，中央官吏往往出于世家子弟，特别是以军功按资排辈的现象十分严重。而普通人想成为低级的郎官，至少要有十万家资（称为"訾"）才够资格。武帝时董仲舒就称：在这种模式下录用的人，未必有贤能才德。

唐太宗看到一批批中举的新进士鱼贯而过，曾有句名言："天下英雄，入吾彀中。"这是科举时代。而在汉朝，相同的是对人才的渴求，不同的是尚无更合理的选拔方式。

高祖刘邦时其实就已考虑这一问题，他敏锐地看到了治天下和守天下的关系，因此在去世前一年也有一条"求贤诏"。

贤士大夫，有肯从我游者，吾能尊显之。——《汉书·高帝纪》

这句话的语气十分诚恳直接，仿佛可以想象刘邦迫切地在说："有才能的人赶快来吧，我给你高官厚禄。"

只不过刘邦的求贤，还比较笼统，"贤"是一个大概念，并无特别强的针对性。而到了汉文帝这一封诏书，则很明确地说明了，我需要的是"贤明优秀、公道正派且敢于直言进谏之人"。

用原话来说，则是"贤良方正能直言极谏者"。

这句话里有两部分，"贤良方正"是大类，而"能直言极谏"则是具体标准。自文帝起，推举"贤良方正"成为汉朝不定期选拔人才的一种固有模式，而每次都会根据时势和需要解决的问题，设置不同的具体标准，有求"直言极谏"的，有求"文学高第"的，有求"习先圣之术"的，有求"明阴阳灾异"的，还有求"列将子孙"、"刚毅武猛"、"至孝笃行"的，等等。"随所求而标举之，无定格，此后世制科之先河也。"（吕思勉语）

那么问题来了，汉文帝为什么要求的，是"能直言极谏者"呢？

他所面对的时势和需要解决的问题是什么呢？

其实很简单。所谓"直言极谏",大约包含着两层意思:敢说话、说真话。

文帝越是对这样的人充满渴求,越是说明他知道身边的人,要么不太敢说话,要么不和他说真话。

而造成这一现象的原因,自然是功臣集团的力量仍然十分强大。他虽然贵为天子,但对于京城来说,却像是远来的陌生客人,势孤力单。而这一帮老臣却是盘踞在此二十年左右的顽固势力。他们迎立自己,本来就是因为觉得自己在诸侯王中属于最柔弱、最好欺负的一员。这些老家伙自然对他阳奉阴违,没一句真话。他要在这场较量中活下去、赢下来,就必须听到有利于自己的观点,必须得到可以真正解决难题的建议。因此,收罗一批敢说话、说真话的贤能之士,是文帝主政后的当务之急。

为了谋求这一类人才,半年之后,文帝又下了另一条诏书,去除"诽谤"和"妖言"两项罪名。

诏书称:如今的律法之中,有诽谤和妖言之罪,这正是让众大臣不敢畅所欲言,以及无法招徕远方贤良的原因,即刻废除这两项罪名。

妖言并非指迷信的话,而是指谣言,吕后执政时期曾下过废除令,大约是中间又重新设置。

显然,这条诏书,正是为了配合"求贤良方正能直言极谏者"的一条配套政策，主要目的仍然是为了让人敢说话、说真话。因为存在这两项"因言获罪"罪名的话，功臣集团就能以此为武器，来攻击文帝选中的班子。要让人直言极谏，就得设置安全的言论环境。

文帝费尽心思，用尽各种方法，终于把敢说敢言的人才一步步挖掘出来，笼络到自己身边。

袁盎和晁错即是其中一对。

二十岁出头的袁盎本是吕禄舍人，幸运地没有在诛吕之变中受害，受其兄推举，时任中郎将，以敢于直谏著称。

有一回，文帝与宠爱的慎夫人一同到袁盎办公的郎署，本欲同坐。袁盎极力阻止，惹得文帝与慎夫人暴怒。文帝拂袖而起，袁盎追上前道："臣听说尊卑若有序，则上下和谐。陛下已立窦氏为皇后，慎夫人乃是妾，妾与人主怎么可以同坐呢？陛下若是宠爱慎夫人，可以重重地赏赐她；赐她同坐，反而是害她。陛下难道忘了'人彘'的事情吗？"

尊卑有序，自然是站在古人的观念而言。袁盎这一番话，实际上是提醒文帝要考虑窦皇后的感受。文帝一听，果然释怀。慎夫人也觉得极有道理，袁盎的确是为自己考虑，不仅转怒为喜，还打赏了他五十斤金。

不过这个故事和另一件事结合起来看，倒也可以侧面反应窦皇后其人性格。

文帝任代王时，先有一名王后，育有四男后死去。但是在文帝立为天子的几个月之内，王后所生的四名儿子也悉数病死，因此只能立窦氏所生子刘启为太子，窦氏母凭子贵立为皇后。

及代王立为帝，而王后所生四男更病死。孝文帝立数月，公卿请立太子，而窦姬长男最长，立为太子。——《史记·外戚世家》

原文的描述就已经非常直白，就差直接说是窦氏杀死了王后四男了。从以上两个故事，包括后来景帝朝、武帝朝窦太后的表现来看，其性格之强硬、其手段之狠毒，实不一般。

视线重新回到直言进谏的袁盎身上来。

另有一次，文帝骑着马从霸陵之上欲疾驰而下，袁盎上前一把拉住。

文帝问道："将军如此胆小?"

袁盎道："臣听说普通富人家的孩子，都知道自爱，何况天子。陛下只顾着在高山峻岭上纵马走险，就算不爱惜自己的生命，也要想一想宗庙和太后该怎么办。"

袁盎载入史册的记录，基本都是劝谏类的，可以归为"谏臣"。

而和他非常不对付，到了有你没我、水火不容地步的晁错，则是知名的"策士"。对策士的要求是，当皇帝亲自就一个话题征求意见，你能不能给出具体的对策。策士往往思路清晰、逻辑缜密、口辩一流、文采绝世，而晁错就是当中的佼佼者。但是这里暂且先不提他。

我们必须要提的是另一名策士，有他在，其他人的光芒不得不为之收敛。

他的才能和同时代其他人相比，借用孔子学生有若的一句话，相当于麒麟之于走兽，凤凰之于飞鸟，泰山之于丘陵，河海之于水洼。

他的名字，叫做贾谊。

第九章　孤高不群的天才

汉文帝十二年，一个中年人在久不得志的抑郁中死去，年仅三十三岁。

司马迁特别把他和屈原写在《史记》同一个列传之中，但记载的事迹寥寥，几笔简述了他被推荐、被排挤，最终死去，对他所作议论贡献也只有简单数语，倒是花了几倍的笔墨抄录了他感怀身世、抒发怀才不遇之情的两篇辞赋。

到班固时，似乎觉得司马迁对此人一生建树叙述不够周到详尽，于是在几乎全文抄取史记传记的基础上，加上了此人所作的几篇政论，目的可能是想要告诉后人，这几篇政论关系重大、意义非凡。

然而不把此人放在时代背景中考量，终究无法解释为何几篇文章，分量就能如此之重；也无法阐明，他之不得志，乃是政治力量作用下不可抗拒的必然命运。

这个人，自然就是贾谊。

贾谊是作为知识渊博之人被推荐给汉文帝的，推荐他的人叫吴公。

是时，汉帝国刚刚经历过一波足以动摇国基的动乱。吕氏被灭，惠帝留下的后代全部被剿杀。

代王刘恒作为几大利益集团博弈的结果，意外地入主宫中、成为天子。

他被挑中，是因为被认为实力最弱，最容易被控制。

但显然文帝自己并不甘愿做傀儡帝王，他不仅要暗暗地斗争，且铁了心要胜利。

当务之急，就是在中央逐渐组建自己的亲信班子。

吴公就是在这时，被汉文帝从河南守的位置直接调到京城，担任司法刑罚的最高长官。吴公是一名专业人才，不仅是秦丞相李斯的同乡，还是李斯的弟子。他不仅有理论，而且有实绩，他治理地方的绩效考核曾列全国第一。

文帝初立，闻河南守吴公治平为天下第一，故与李斯同邑，而尝学事焉，征以为廷尉。——《汉书·贾谊传》

　　而吴公到了中央，得到文帝的青睐之后，顺便就把自己在河南时就十分中意的才子贾谊推荐给了文帝，称贾谊学识非常渊博。

　　廷尉乃言谊年少，颇通诸家之书。文帝召以为博士。——《汉书·贾谊传》

　　这里需要说明的是：秦始皇时，曾颁布"挟书令"，民间不得私藏和私相传授《诗经》、诸子百家等书。比如刘邦亲弟弟，楚王刘交年幼时非常爱读书，拜于荀子学生浮丘伯门下学习《诗经》。秦"挟书令"颁布后，刘交不得不中断学业，内心非常遗憾，所以很多年以后还派儿子去继续向浮丘伯学诗。汉兴以来，萧何制定的法律基本以秦律为蓝本，因此"挟书令"也被继承了，直到汉惠帝四年的时候才真正废除。废除"挟书令"的那年，贾谊九岁。一个政策的改变，给了他"通诸子百家书"的条件，从而造就了这名奇才。另一点要说明的是：当时学诸子百家书者，也并非门派有别、泾渭分明，往往是博学百家，从中学吏治、学实务。

　　贾谊正因为博学善对，而被汉文帝征召为博士。

　　汉文帝接受的帝国，是一个虚弱恢复中的王朝，经历了秦末战争、楚汉战争、吕后母子争端、功臣诛吕之乱等等，仿佛一个久病多病之体，令良医也难以为治。

　　汉文帝需要解决的难题包括而不限于：民力不足，基础物质生产能力低下；法律过于严苛，伤民太甚；诸侯王坐大，对朝廷形成反制；功臣集团居功自傲，存在威胁；匈奴虎视眈眈，放马窥边，等等。

每次当汉文帝头疼这些事情，令诸博士讨论对策时，都得不到想要的答案。

每诏令议下，诸老先生不能言。——《史记·屈原贾生列传》

这是一句值得深味的话。老先生们真的答不上来吗，未必。只是因为形势太严峻、问题太复杂，不好说罢了。皇帝和强权的功臣，都不是好惹的，这些人精只好支支吾吾、装傻充愣。

这就是文帝所面对的真实困境：没人敢说话，说话的未必是真话。这就是他求"能直言极谏者"的内在原因。

幸好，有年少孤傲、锋芒毕露的贾谊在。

文帝和贾谊这对君臣，很快就联手展开了对功臣的打压。

文帝二年的十月，根据汉初十月是岁首的习俗，这是一年刚开头的时候。去年的一年，文帝扮成一头温顺的绵羊，刚刚把当初承诺诸侯王和功臣们的条件一一兑现，把狮子老虎们的毛一一捋顺安抚好。这时，他迫不及待拉开了意欲扭转形势的反攻序幕，发出了著名的"遣列侯之国"诏。

诏令的行文看上去平淡无奇，说的是：汉初，被封为列侯的功臣大多数都在京城定居，他们所封的侯国却远在百里、千里之外。这样就带来两个不方便：一者，从侯国产生的赋税，要从远方运到京城送给他们，难免耗费大量的民力；二者，封侯之后，他们本来承担着教育侯国子民的义务，这样远隔千里，难以施行教化。因此颁布这条诏令，就是希望列侯们全部离开京城，回到自己所封的侯国，在当地享受权利、承担义务。如果列侯有在中央政府和京城担任职务，确实不能回去的，就把列侯太子送去。

朕闻古者诸侯建国千余岁，各守其地，以时入贡，民不劳苦，上下骥欣，靡有遗德。今列侯多居长安，邑远，吏卒给输费苦，而列侯亦无由教驯其民。其令列侯之国，为吏及诏所止者，遣太子。——《史记·孝文本纪》

这封诏令，看上去似乎全是为民着想、为列侯功臣着想，让局外人不得不感叹天子的温暖关怀。而其背后，则当然又有文帝另一番计算。

文帝上台，直接原因是诛吕之变。而这场内乱之所以能成功，除了各种利益集团联合起来，还有赖于有人从中联络沟通。如前所述，这个人是辩士陆贾，靠他的暗中串联，才促成了不同集团的集体发难。

尽管文帝自己也是受益者，但总是越想越害怕，越想越不安。在他看来，任由这些倚老卖老的功臣们自由在京城互相抱团交会、结党营私，难保不再次腋下生变。上次是诛吕和诛少帝，下次诛杀的对象会不会就是他呢？

因此，这才是发出"遣列侯之国诏"的真实目的。必须让他们回侯国，各自分散，再也不能形成集结的力量。

除了让他们分头回国，文帝同时还有另一项配套政策：侯国迁移。即假如这个侯国，原先领土就在诸侯王的疆域内，这次就换个地方，移到汉朝廷直辖的郡中去。

这条政策的目的也很明显，减少功臣列侯和诸侯王的联络交通。

这两条政策既有强烈的针对性，表面功夫又都掩饰得很到位。而它们的提出者，就是贾谊。

然诸法令所更定，及列侯就国，其说皆谊发之。——《汉书·贾谊传》

贾谊的计策是很好，但上有政策，下有对策。这条诏令发出后，遭到了列侯们一致的虚与委蛇。这些老狐狸心里跟明镜似的，皇帝陛下您表面说得好听，肚子里就不是要赶我们走吗？于是找年老、生病等各种理由推辞，总之就是赖在长安，死都不肯出发。

当然，文帝也不是轻易认输的主儿。怎么让他们乖乖就范呢，他思来想去，眼光瞄准了一个人：周勃。

据唐代学者颜师古对《汉书·高惠高后文功臣表》的注释，刘邦在开国之初，曾分封了十八位功臣列侯，排名为：萧何、曹参、张敖、周勃、樊哙、郦商、奚涓、夏侯婴、灌婴、傅宽、靳歙、王陵、陈武、王吸、薛欧、周昌、丁复、虫达。

到诛吕时，周勃成为了活着的第一号人物，这就是为什么陆贾首先要做他工作的原因，源于他的战功和沛县元老身份，威望和号召力在群臣中是最高的。在整个政变过程中，他是陈平推出去的出头椽子，至少在文帝眼里，周勃的功劳也是最高的。但事变之后，这种威望、这种号召力、这种在动乱里建立的功劳，性质就都变了，全部变成了对文帝的威胁。更何况，之前还有渭桥和未央宫端门两件事，更让文帝对周勃心存芥蒂。

"挽弓当挽强，擒贼先擒王。"

既然列侯们纷纷找理由不肯回封国，那就杀鸡儆猴，先打击你们的核心人物。

严格来说，文帝对周勃的打击并非现在才开始，而是从平时就着手一点一点消磨周勃的斗志和尊严。

文帝刚即位时，周勃因为诛吕和拥立功大，平时出入，态度傲慢，非常自得。文帝也有意先降低自己身份，纵容他的不礼，甚至在退朝时，都毕恭毕敬目送他离开。但在逐渐稳固局势后，文帝的态度就愈发威严起来，而周勃的气势却相形见绌，对这名年轻天子愈发畏惧。

绛侯朝罢趋出，意得甚；上礼之恭，常目送之……后朝，上益庄，丞相益畏。——《资治通鉴·卷十三·汉纪五》

更有一次，文帝借问政来敲打周勃。他问："丞相，大汉一年大约要处理多少案件？"

周勃在乡间时，本就是一名手工劳动者，兼职在丧礼上吹箫。起兵反秦之后，也只知用兵作战，对于治理国家其实毫不在行。一听文帝此问，心中一慌，摇头表示不知。

文帝自然知道周勃是什么水平，要的就是你不知道。于是不依不饶继续问道："那朝廷一年的赋税收入大约有多少呢？"

周勃又摇头，紧张得汗流浃背。

文帝心中暗喜，于是扭过头又问陈平："陈丞相，你来说一说呢？"

陈平不慌不忙答道："这两件事都有人主管。"

文帝道："是谁主管？"

陈平道："如果要知道刑狱的事情，可以问廷尉；如果要了解国家赋税，可以问治粟内史。"

文帝问道："既然每件事都有人主管了，那丞相又管什么呢？"

陈平道："丞相一职，上该帮助天子明晓四时之变，下该帮助天下万物各得其宜；外该镇抚四夷诸侯，内该亲附百姓，管理大臣，让他们尽忠其职。"

陈平的意思是，丞相是辅佐天子料理臣民，管理政府系统正常运转的，这个职务自己不一定要具体管业务，但要让每个岗位上的人尽忠职守。

文帝听了拍手叫好。他越是称赞，周勃在旁边越是如坐针毡，感觉到自己才不配位、尸位素餐。

等从文帝那里出来，周勃忍不住责怪陈平道："你平时怎么不教教我怎么应对啊！"

出而让陈平曰："君独不素教我对！"——《资治通鉴·卷十三·汉纪五》

周勃说话的内容和口气，也充分显示出他的憨直。

他当然猜不到，文帝和陈平要的就是他无法应对。

此事过了没多久，就有人趁热打铁，劝周勃道："君威名震慑天下，功高无人能比，如果在权位上时间一长，恐怕就要大祸临头了。"

周勃经历上次问政事件，自知才能不如陈平，于是主动提出年老多病，请求辞职。文帝顺手推舟，让陈平一人专任宰相。从孝惠帝和吕后同执政时期一分为二的左右丞相，至此重新合二为一。

如果事情照此发展下去，周勃也许可以安然地避免后面的敲打，但天不遂人愿，半年之后，陈平却在任上病死了。周勃因此凭无人能比的功劳和威望再次担任丞相，也就难以逃脱再次成为文帝主要打击目标的命运。

文帝三年，朝廷再次下诏，这次是直接说给周勃听的，称：去年我让大家离开京城，回到自己封国去，大家各种推辞拖延。丞相你是我一向敬重和信赖的，这次给大家带个头先走吧。

周勃重新为相才一年，又被解除职务，从长安首先被赶回了所封的侯国绛县。

而文帝对周勃的打击还远没有停止。

绛县在河东郡境内，周勃回去之后，也自知不容于文帝朝，每日战战兢兢，如履薄冰。每次河东郡守下县，周勃都生怕是文帝派来杀他的，次次都要穿着厚厚的盔甲，令家人手持兵器，才敢见郡守。

不久，又有人秘密上书告周勃意欲谋反，文帝让廷尉审理此事。此时的廷尉，正是文帝当初亲自选拔、并推荐贾谊入朝的吴公。

周勃被立刻逮捕，关进长安大牢，受尽凌辱。周勃不得不买通狱吏，又凭儿子是文帝女婿的关系，希望公主可以在文帝面前证明自己的清白，甚至想办法疏通文帝舅舅薄昭，希望他可以去薄太后面前为自己求情。

薄太后最终决定了周勃的生死。可能她也觉得儿子做得略微过分了一点，周勃虽然是个粗人，不识大体，但好歹也有拥立大功。薄太后颇有些生气地责怪文帝："绛侯当初手握皇帝玉玺，统兵北军的时候不谋反，现在和家人蜗居在一个小县，倒要造反了？"

文帝自知理亏，这才释放周勃，允许他回到绛县并恢复他的爵位。

经历前前后后，种种打击的周勃此时已心力交瘁，毫无自尊，忍不住仰天长叹道："我曾领兵百万，威风八面，今天才知道还不如一个小小狱吏的尊贵。"

狱吏当然并不尊贵，尊贵的是刻意要治你的皇帝旨意。

如此，曾一人之下、威名赫赫的开国元勋，终于被当初并不放在眼里、初出茅庐的年轻天子彻底击溃，周勃在绛县，畏畏缩缩地度过了生命最后几年。

由周勃带头，"列侯之国"和"侯国迁移"政策才陆陆续续顺利执行下去，终文帝之世，始终在贯彻实施，直到景帝二年才废除。

而建此大功的贾谊，在这一年却遭到了贬黜。

按理说，助文帝消除大患，合当加官进爵。事实上，文帝也确实这么考虑了。

天子议以谊任公卿之位，绛、灌、东阳侯、冯敬之属尽害之。——《汉书·贾谊传》

绛就是绛侯周勃，灌是指太尉灌婴。文帝提出要给贾谊加官进爵，遭到了功臣集团的一致反对。也就是说，周勃为首的功臣列侯们都明白，这两条政策是贾谊的主意，尽管贾谊之策实际也就是文帝意图，但功臣们不能直接把矛头对准天子，于是齐齐拿贾谊开刀。可见，贾谊之在当年被贬，应和"列侯之国"诏紧密相关。也许，是文帝为了顺利让周勃带头离开，达成的协议之一。

然而贾谊的不得意，还不仅仅是遭到功臣们的忌恨。

如前所说，当文帝问策时，老先生们都不作答，这未必是不能作答，而是不好答、不敢答。

只有最年轻的贾谊，不仅抢着答，《史记》还说："贾生尽为之对，人人各如其意所欲出。"什么意思呢，贾谊还模仿这些老先生的口吻，替他们答，模仿得还很像，真的就像那些老先生的心里话。其年少锋芒，可见一斑；其为人张狂，也可见一斑；其不讨人喜，更可想见。

苏东坡在《贾谊论》中，说贾谊"孤高不群"，应是十分准确的。

贾谊之被贬，之难容于朝廷，庶几是定局矣！

第十章 贾谊之对策（上）

如果仅从贾谊对时势的分析和提出的对策来看，无疑其是一位不世出的天才。他的《过秦论》《论积贮疏》《治安策》等策论，无一不是传世名作。

又由于锋芒毕露、孤傲疏狂的性格，他不怕在策论中揭穿当世真实存在的问题，他不仅要说，还要直截了当说，要直陈其弊、直指其短。

比如针对物资匮乏，他说：汉之为汉，快四十年了，还有老百姓为吃不饱饭卖儿卖女，"民不足而可治者……未之尝闻"，民穷而能国安，我从来没听说过。

针对诸侯坐大，他反问：朝廷是身体，诸侯王国是四肢。现在腿已经跟腰那么粗了，指头已经跟大腿那么肿了，身体还吃得消吗？

针对匈奴威胁，他讽刺道：匈奴之众，不过如汉朝一个大县人数，以天下之众被一县威胁，我为主事者感到羞愧。

如此不一而足。

贾谊倒也不是只说问题，不出对策。他抛出问题，正是为了提供可行方案。

比如，他建议文帝鼓励百姓尽量放弃"末技"，而进行农业生产，认为这是立国之本。

这一条应是深得文帝之心的。二年正月，文帝曾亲自在"籍田"中带头耕作，为百姓示范作榜样。农业社会里，耕作和纺织是关乎民生最重要的两件大事。帝王不仅要制定各种鼓励耕作和纺织的政策，有时帝王要亲自耕田、皇后亲自采桑，虽然只是一种仪式，形式大于内容，但它是一种"重农"的导向，为的是告诉百姓，千万不能忽略这两件根本大事。

古之人曰：一夫不耕，或受之饥；一女不织，或受之寒。——贾谊《论积贮疏》

特别是在物质基础相对贫弱的时代，食物和衣服这些生活资料，基本就是靠最底层百姓通过劳动和手工获得，所以一个男子不耕种，一个女子不纺织，就会有人因此忍饥受寒。

同时，粮食储备还是国力的象征、应急的需要。

贾谊说：假如没有足够的储粮，国家不幸发生两三千里的旱情，该拿什么来救灾？突然边境有敌情传来，要调动数千百万的军队，该拿什么来周济。因此他认为：粮食是国家之命脉。

不幸有方两三千里之旱，国胡以相恤？卒然边境有急，数千百万之众，国胡以馈之？……夫积贮者，天下之大命也。苟粟多而财有余，何为而不成？以攻则取，以战则胜。——贾谊《论积贮疏》

贾谊又建议：要尽快恢复等级礼仪制度，使各个阶层的人安于本分，恢复上下井然的秩序。

"礼制"是儒家思想核心。不过这个礼，并非现代人所理解的"有礼貌"，这是把"礼"的概念狭隘化了。"礼制"是一整套社会运行的规则，建立在几个基本前提上。首先，必须承认人是不平等的，被划分成不同等级的；其次，每个人都安守自己等级的本分。在这样的基础上，礼制规定了每个等级的生活标准和行为规范。

比如一个人死去，对死的委婉表达就必须体现身份等级。帝、后等死去才能叫"崩"，诸侯王死去只能叫"薨"。

再比如按照《周礼》，天子之坟，可以高三仞，植松树；诸侯的坟只能是一半高，植柏树；卿大夫坟高八尺，植药草。

再比如，天子的舞蹈队可以用八八六十四人，称之为"八俗"。诸侯王则要相应减少。孔子曾看到鲁国的卿大夫在家中使用八佾舞，认为这种事是绝不可饶恕的。"八佾舞于廷，是可忍，孰不可忍。"——《论语》。

因此，"礼不下庶人"的意思，即是"礼制"它某种程度上所指内容为生活标准，到庶民这一阶层，忙于劳作，既无精力、也无财力去提相应标准，因此不必为他们另行设置规范。并不是现代人所理解的"庶人不需要讲礼貌"的意思。

司马迁对周人创作"礼制"的意义，解释得较为透彻直白，称是为了控制人的欲望，使其和自己身份所可以获得的财富相匹配。

使欲不穷与物，物不屈于欲，二者相待而长，是礼之所起也。——《史记·礼书》

当一个人使用超过自己身份的标准时，说明他的欲望膨胀了，这种行为叫做"僭越"。儒家认为春秋战国时期，社会阶层中大多数人都开始僭越，这就是礼制崩塌了。这些人会因为欲望的膨胀以下犯上，破坏尊卑有序的关系。

所谓的"尊卑有序"，自然是一种不符合现代意识的观念。然而在古代囿于时代限制，却是许多知识分子的共识，也是他们极力维护的平衡。

为此，贾谊甚至可以为牢狱中的周勃说话。

他对周勃受到的凌辱表示很不认可。他说：谚语云，投鼠忌器。即使是打老鼠，也要顾忌别损坏老鼠旁边的器物。假如把天子比作器物，王侯、三公，这些人就是天子身边的老鼠。如果犯有过失，可以废除他的爵位、官职，可以赐他自尽。但是如果把他捆绑着投入大牢，令小小的官吏也可以随便鞭笞、辱骂他们，就会让更底层的百姓觉得，是不是有一天我也可以凌驾于王侯、三公之上。再甚，就会进一步怀疑，是不是天子的身份其实也没那么尊贵。因此，肉刑是不可以施加在贵族大夫身上的，只可以让他们意识到自己的过失，选择自裁。这就是"刑不上大夫"之义。

> 里谚曰：欲投鼠而忌器。此善谕也。鼠近于器，尚惮不投，恐伤其器，况于贵臣之近主乎……今而有过，帝令废之可也，退之可也，赐之死可也，灭之可也；若夫束缚之，系缧之，输之司寇，编之徒官，司寇小吏詈骂而榜笞之，殆非所以令众庶见也。夫卑贱者习知尊贵者之一旦，吾亦乃可以加此也，非所以习天下也，非尊尊贵贵之化也……故古者礼不及庶人，刑不至大夫，所以厉宠臣之节也。——贾谊《治安策》

贾谊又建议：不能一味靠和亲来怀柔匈奴，而应该恩威并施，甚至毛遂自荐，希望亲自来施行这一计划、解决这一大患。

对匈奴的外交方面，暂且按下不表，留待后说。

最显贾谊远见和策略的，是他针对诸侯王威胁，而提出的"众建诸侯而少其力"的方针。

文帝时，实力较强的诸侯王国，仍有齐、楚、吴、淮南等。汉朝廷和诸侯王的关系十分敏感且紧张。虽然文帝一上台就给诛吕之变定性，宣布自己是合法即位的。但诸侯王肚子里都明白，你的皇位来路并不太正。也就是说，每个人都有机会通过那种方式，摇身一变成为天子。而事实上，大的诸侯王国，无论是疆域、地利、财富，均有一定资本堪与汉朝廷叫板。假如一直缺乏合适有效的制裁手段，则只能坐视诸侯王不断增长野心和实力，迟早必反，不过是"强者先反、弱者后反"的时间问题罢了。

贾谊提出这一对策，正是因为文帝朝，已经有两名诸侯王先后死于谋反。

我们先回忆一下两名旧人，即诛吕之变中的关键人物，齐王刘襄之二弟三弟：朱虚侯刘章、东牟侯刘兴居。

这两人在政变之中，积极活跃，刘章力杀吕氏第一人相国吕产，刘兴居则主动为文帝入主而清宫。然而，这两人起初的起事动机，是拥齐王为帝。这一错误的政治路线成为了文帝心中抹不去的阴影，也成为了主宰他们命运的永远黑点。

文帝登基以后，很快如约兑现了对各个利益集团的承诺，周勃、灌婴等人都得到了想要的结果，唯独刘章、刘兴居，起初只获得了食邑和金银赏赐。特别是刘章，以首杀吕产之功，竟然只增加食邑两千户，金千斤。这离当初功臣承诺他们的赵王、梁王之位，相差未免太大。

刘章和刘兴居二人的失落和怨望，可想而知。

拖了足足一年多之后，文帝才在二年三月，封二人为王。但文帝此招也极为阴狠，他绝口不提赵国、梁国两地，而是从齐国当中挖了两块出来，一块封刘章为城阳王，一块封刘兴居为济北王。既相对安抚了二人情绪，又把当初在京城中掀起动乱的关键人物赶离身边，同时削减了齐国疆域，一石三鸟。

齐王刘襄早在文帝元年死亡，刘章在封为城阳王后一年也死去，等于说，文帝即位后三年内，齐国三兄弟就已死了两位，且刘章死时只有二十四岁。这样正中文帝心意的巧合，难免让人有阴谋论的想法。但既无实据和旁证，就不做猜测了。

独活下来的三弟刘兴居，心中既满是怨恨，又惴惴不安。

文帝三年的五月，一个边境警报传到长安，匈奴右贤王违背汉匈两国的约定，率领一批人马，入侵黄河南岸的上郡，四处抢掠、残杀居民。文帝震怒，派其时已升任丞相的老将灌婴，率车骑八万五千人，前往反击。同时，文帝自己也带着人马，紧随其后。

七月，刘兴居听说天子亲自北上亲征，认为这是个百年难遇之良机，瞬间发兵谋反，准备西取荥阳要地。

刘兴居没有料到的是，汉与匈奴之战早早就结束了，文帝从容不迫调动一支十万人的军队，回头征讨叛乱。刘兴居之叛，本就是临时仓促之计，本身也并无作战经验，仅支撑了一个月便兵败自杀。

自此，除周勃之外，文帝的另一处心头大患齐王三兄弟被完美解决。

除了刘兴居，另一个叛乱的则是淮南王刘长。当初政变之后，拥立的三个候选人分别是齐王、淮南王、文帝。齐王兄弟三人已死，淮南王也叛了，你说巧不巧。

刘长性格刚烈，力能扛鼎。其时，高祖刘邦的儿子，只剩下文帝和他二人。文帝以血缘之亲，某种程度上也颇想依赖他，成为自己在外的屏藩，因此处处都尽量宽容待他。而刘长则仗着文帝之宠，常常共同乘坐御辇，一起进入上林苑打猎，行为更加放肆跋扈。

跋扈到什么程度呢？

有一日，刘长特意去拜访审食其，审食其慌忙出来迎接，刘长拿出随身带的铁锤，当场将其砸死，令随从砍下他的首级。审食其的家人侍从愣在那里，见是文帝的宠弟行凶，均不敢上前阻拦，眼睁睁看着刘长从容地坐车疾驰而去。

刘长随后脱光上衣去向文帝请罪，他知道这件事只要文帝那里能过关即可，因此早就准备好了一番说辞。

刘长道："皇兄，审食其有三罪当死。臣的母亲昔日因事下狱，审食其有能力通融于吕后，却见死不救，此是一罪；赵王如意和戚姬母子无罪，吕后杀之，审食其又见死不救，此是二罪；吕后分封诸吕为王，危及刘氏宗庙，审食其身为宠臣而不劝谏，此是三罪。臣为母报仇，也为天下除贼，故明知有罪而行之，虽死无憾。"

这三条理由，实际分析起来，除了第一条为母报仇还算说得过去，后面两条基本没有任何说服力。赵王如意和戚姬之死，已过去至少十多年，哪有现在来报之理。何况都知道是出自吕后旨意，以当时吕后之雷霆威权以及对赵王母子的怨恨，谁敢劝谏？其罪怎么能归到审食其头上呢？刘长本身也是吕后带大的，情同亲生，你自己为什么不劝一劝呢？至于第三条，审食其虽然亲吕后，但在诛吕之变中，却投向功臣集团，他之不死，必经文帝和功臣们首肯，你公然将其杀死，等于是违背了文帝和功臣当初的决定，更不能成为必杀审食其之理由。

文帝这次仍然选择了宽恕他。刘长一看这样都没事，回到淮南国之后则变本加厉，不用汉法，出入称警跸，各种仪式制度都用上了天子的标准。按照我们前面说的，这在古代就是突破礼制，称之为"僭越"。

文帝此时心中已经非常不满。因为刘长的跋扈，开始影响到宫中大部分人的情绪，包括薄太后和太子。

当是时，自薄太后及太子诸大臣皆惮厉王。——《汉书·淮南衡山济北王传》

如果只是让大臣害怕，文帝还能忍，毕竟刘长的跋扈是因为自己的宠任，大臣们怕刘长，实质是怕自己。但如果连太后和太子都害怕，那就说明已经越线了，可能有危及政权的潜在隐患。

文帝思来想去，决定先让舅舅薄昭以家人的身份好好劝说刘长一番。如果刘长迷途知返，则既往不咎。

于是薄昭写了《与淮南王书》。在这封信里，薄昭列数刘长肆意违法的事实，比如诸侯国的国相和二千石官员，按照法律应该由中央任命，但刘长将其驱逐，自行选拔任用，等等。然后归纳了不孝、不贤、不谊、不顺、无礼、不仁、不智、不祥八大过错，告诉刘长，文帝已经对你非常优容宽待。

紧接着，薄昭又列举古今历史上，圣人圣主为了大义大局，杀死自己有罪的兄弟的典故，比如周公诛管叔、齐桓公诛公子纠、文帝诛刘兴居，等等，以警示刘长不要一味仗着皇兄的宠爱，再放任自流。

最后，薄昭甚至帮刘长拟好了谢罪书，告诉他，你只要这样写，向文帝请罪就可以了："臣幼年不幸，早失父母，自小孤苦。吕氏擅权之时，日日忧惧畏死，唯恐朝不保夕。及陛下登基即位，臣又恃恩骄纵，多行不轨。追念往日过错，臣诚惶诚恐，伏地待诛，不敢再起。"

这封信，前半部分言辞犀利，不留情面，直戳刘长痛处；后面又支招，明确告诉他应该怎么办，虽是出自薄昭之笔，却明白无误传达的是文帝的旨意。

　　文帝的态度已经非常清晰了，他想告诉刘长的是：你的行为无论是从道德还是法理上来说，都已经越界太多了。我有足够的理由可以像杀掉管叔、刘兴居那样杀掉你，但看在兄弟的情面，我还是愿意给你一个台阶下。让薄昭而不是别人给你写信，就是希望在家人内部来消化此事。你只要按照给你拟定的请罪书写一封，主动认错，也给所有人一个交代，并从此收敛，今后我们兄弟就相安无事。否则别怪我依法治罪，绝不留情。

　　大王昆弟欢欣于上，群臣皆得延寿于下；上下得宜，海内常安。愿孰计而疾行之。行之有疑，祸如发矢，不可追已。——薄昭《与淮南王书》

　　最后几语，警告的口气已经非常严重。希望刘长"疾行之"，赶快照我说的认罪，只要有一点点迟疑，大祸就将像离弦之箭一样，降临到你的头上。

第十一章　贾谊之对策（下）

刘长得到书信之后，并未有任何实质性的改变。

文帝六年，淮南王刘长被文帝派来的使者召到长安，称其欲谋反。

这件事的蹊跷之处有不少，比如谋反的物证只是有辇车四十乘，未免略少；又比如，刘长轻易地就被从国内传唤到了长安，兵不血刃，乖乖就范，怎么也不像有谋反的意图。

只不过这时解释已属无用，朝廷既然认定你有谋反之心，剩下的就只是如何处置的问题了。

其时汉朝廷的丞相由周勃、到陈平、再到灌婴，皆已去世，现任者是张苍，也是汉初军功集团的一员。尽管文帝有意换血洗牌，但丞相一职仍然按照汉初不成文的规定，以军功和资历相继，开国功臣的影响尚未完全褪去。

丞相张苍与典客、宗正、廷尉等人商议过之后，上奏认为：刘长所犯不轨，依律当斩。

文帝默默看了，表示不认可，令丞相等在列侯、二千石官员中进行一次更大范围的讨论。

文帝的这种态度说明了两个问题。第一，对于淮南王谋反一事，文帝或许心虚，否则依法处决，何需犹豫。第二，文帝可能害怕悠悠之口，对其兄弟相残之事进行议论。

于是第二次的讨论，增加到了四十三人，形成了更民主的看法，一致认为应该维持原判，处死刘长。

文帝慎重考虑后，下了最终结论：赦免刘长死罪，剥夺他淮南王的爵位，将其迁徙到蜀郡严道（大约在今四川省雅安市荥经县），允许其母亲和子女，以及十名宠幸的美人跟随。每天给予肉五斤、酒二斗。但是全程刘长必须被关在辒车之内，由沿途各县负责转运接送。

当初骄纵强横的淮南王，高祖刘邦的幼子，被囚禁着，踏上了入蜀之路。

至于文帝为何一再地赦免其死罪，顾惜自己的声名可能是一大原因。而为什么群臣又一再坚持要处决，孙家洲先生在《西汉朝廷"大洗牌"》中的一段话或许可以作为参考：

"朝廷审案官员表现出来的立场,那种对刘长深恶痛绝的态度,也可能来自对汉文帝内心真实想法的准确捕捉和领会。'恶人'由群臣来做,'仁厚君王'的美名留给皇帝,本来就是君臣政治游戏的常规。"

对于文帝处置淮南王刘长的方法,群臣自然皆承旨而行。但有一人提出了不同看法,这个人是一向善于直谏的袁盎。

袁盎对文帝说:"淮南王有今天,陛下不无关系。"

文帝奇怪地问道:"这是为何?"

袁盎道:"若不是陛下纵容,又不早在淮南国任命严厉的国相监督他,淮南王又怎会落到这个地步?"

《左传》中有一名篇《郑伯克段于鄢》,讲的是郑庄公有意放纵弟弟,任其予取予求,养其罪恶,最终将其杀死。袁盎此意,是说文帝对付幼弟刘长的办法,其实和郑庄公一样。

文帝听了默不作声。

袁盎又道:"淮南王性格刚烈,陛下现在以如此暴虐的方法处置他,臣担心一路上有个闪失,王因此而死,陛下就将背上'杀弟'之名。"

他这番话几乎句句戳中文帝的心思,文帝只好尴尬地道:"我只是让他吃点苦受点教训,很快就让他回来。"

事情的发展果然如袁盎所料，自小就富贵登顶的刘长无法忍受从诸侯王到阶下囚的身份转变，不堪凌辱，很快绝食而死。

消息传到京城，文帝形容悲伤，大哭着对袁盎道："我不听足下劝告，再也见不到我的弟弟了。"

袁盎道："这是淮南王自己做的决定，陛下请不要过分自责。"

文帝紧接着又问道："现在我该怎么办？"

此话一出，说明文帝的确还是非常计较和在意"杀弟"之恶评的。

袁盎也知道文帝好名、要面子，于是道："陛下请宽心，你曾有三件事情，足以德高千古、流芳百世，不会因为淮南王的事情就毁掉英名的。"

文帝一听，来了兴趣，问道："哦，是哪三件事情，说来听听呢？"

袁盎道："陛下还在任代王时，太后凤体不安，患病三年，陛下眼不合拢、衣不解体，日日悉心照料，太医所进汤药，陛下都要亲口品尝、试过冷热才喂太后服下。孔子门下曾参，以布衣身份都觉得此事甚难，而陛下贵为诸侯，亲身示范，远胜曾参。此是第一件事。"

文帝听了心喜问："那第二件呢？"

袁盎道："当初诛吕擅权被诛杀后，功臣在朝中专制，但是陛下以区区六人，奔驰千里，亲临不测之深渊，敢入极险之虎穴，就算是战国时著名的孟贲和夏育，勇毅也远不及陛下。此是第二件事。"

文帝越听越喜，忙不迭问："第三件事是什么？"

袁盎道："陛下当时在代王府邸即位前，曾五次拒绝接受天子之位，古之贤士许由，让天下也不过一次，陛下又胜过许由无数。此是第三件事。陛下三件事，既孝、又勇、且廉，因此臣以为足以德高千古，流芳百世。淮南王之死，是陛下想要磨炼他意志，促使其改过而已，不必太过忧虑。"

盎曰："陛下居代时，太后尝病，三年，陛下不交睫解衣，汤药非陛下口所尝弗进。夫曾参以布衣犹难之，今陛下亲以王者修之，过曾参远矣。诸吕用事，大臣颛制，然陛下从代乘六乘传，驰不测渊，虽贲、育之勇不及陛下。陛下至代邸，西乡让天子者三，南乡让天子者再。夫许由一让，陛下五以天下让，过许由四矣。且陛下迁淮南王，欲以苦其志，使改过，有司宿卫不谨，故病死。'于是上乃解。"——《汉书·袁盎晁错传》

袁盎这一连串的奉承宽慰，文帝心中才彻底放下心来，问道："那此事现在该如何处置。"

袁盎道："当初是丞相、御史等人审理此案的，可以将他们斩首以谢天下。"

袁盎虽以直谏闻名，也是一位内心果狠、轻杀之人。

当然，朝中大员是杀不得的，于是文帝最终下令处斩了沿途各县没有好好给刘长提供食物的接待员，又以列侯的规格将刘长好好安葬，设置三十户人家为其守冢。两年之后，文帝怀着愧疚之心，分封刘长四子为列侯。

尽管如此，民间对此事的反应还是超出了袁盎和文帝的预期。再四年后，文帝听到民间流传着一首歌谣：

一尺布，尚可缝。
一斗粟，尚可舂。
兄弟二人，不相容！

文帝长叹道："当初尧舜放逐自己骨肉，周公诛杀兄弟管蔡，天下人都称颂他们圣明，不以私害公。为什么到我，却如此说我呢，是不是以为我贪淮南之地啊？"追尊刘长为淮南厉王。

再四年后，将淮南故地一分为三，分封给刘长的三名儿子各自为王。

终文帝后半生，似乎都在极力修补"杀弟"这件事给他带来的恶评。

以上便是截止文帝六年，济北王刘兴居、淮南王刘长叛乱之事。无论真叛或假叛，都说明一个问题，在文帝眼中，诸侯王都是一个对汉朝廷的巨大威胁。他绝对不能坐视其实力越来越强、威胁越来越大，必须找到更好的办法解决隐患。

贾谊对此提出的方针，即"众建诸侯而少其力"，其实很有些逆反操作的意思：怕诸侯王，却不采用减少诸侯王的办法，而是反其道行之，增加诸侯王的数量。

具体来说，即是建立相关制度，每一个诸侯王的土地，将来要拆开分封给他的子孙们。如果诸侯王不执行，不但违背制度，还造成父子、兄弟矛盾。如果执行，诸侯国就将被自己的子孙们越分越多，但每个人得到的封地越变越小，实力自然也相应削弱。而且，诸侯王的子孙们一出生就知道自己可以被封为王，心态也就更平和，不容易滋生欲求不满的抱怨。朝廷也就不用再动辄兴兵讨伐。这就是"众建诸侯而少其力"的精髓之处。他看上去是一道关怀子孙的普惠政策，实际上却是强本弱末的集权手段。

> 莫若众建诸侯而少其力，力少则易使以义，国小则亡邪心……宗室子孙莫虑不王，下无倍畔之心，上无诛伐之志。——贾谊《治安策》

文帝十六年，将齐国一分为六，淮南一分为三，即是在此理念下的削弱诸侯王操作。

> 文帝思贾生之言，乃分齐为六国，尽立悼惠王子六人为王……而分淮南为三国，尽立厉王三子以王之。——《汉书·贾谊传》

贾谊的各种策略尽管都被证明了既有远见，也有实效，但在贾谊生前，汉文帝并没有全盘接受，马上实行。如同前面所说：此时的汉朝如同一个久病多病之体，各种矛盾牵一发而动全身，究竟应该先抓住哪个主要矛盾来治，需要谨慎考虑，绝不能操之过急。汉文帝和他的亲信班子，正如当初接受功臣邀请即位时一样，是一届谨慎得不能再谨慎的政府。贾谊在其中，显得略有些超前。

文帝三年，贾谊因不容于功臣集团，被早早地赶出长安，谪贬长沙，担任长沙王的太傅。长沙国位处南方，地候卑湿，基本不被汉朝廷视为中原之国。它的第一代国王吴芮，为刘邦所封。在刘邦消灭韩信、臧荼等异姓王时，唯独吴芮和他的长沙国幸存下来，这说明在天子眼里，这个地方相当于一块鸡肋，可有可无。贾谊被谪贬到此处，无异于流放。

孤独的天才神情抑郁地徘徊在湘江水边，想起一百年前同样报国无门、不为所用而投汨罗江赴死的三闾大夫，写下一篇《吊屈原赋》，借凭吊先人大吐不遇之悲，称没有知己，只能像凤凰和神龙一般，飘然逸去或深潜渊底；但假如骐骥也被束缚，又和普通的犬羊何异，横绝江湖的巨鲸一旦出水，最终也只能落得被蝼蚁叮咬撕碎的命运。

国其莫我知，独壹郁兮其谁语？凤漂漂其高逝兮，夫固自缩而远去。袭九渊之神龙兮，沕深潜以自珍……使骐骥可得系羁兮，岂云异夫犬羊！……横江湖之鳣鲸兮，固将制于蚁蝼。——贾谊《吊屈原赋》

文帝对于贾生的谪贬，是对功臣集团的妥协而无奈为之。为了顺利完成对他们的打压，暂时牺牲一个年轻人的仕途。文帝的打算是，后面再慢慢寻找机会，一步步让贾生回归朝廷。

文帝六年，汉朝廷政局基本已定，"列侯之国"政策推行有序，绛侯周勃经历牢狱之灾已畏首畏尾，对军队有极大影响力的灌婴已身故，当初对帝位有威胁的齐王三兄弟均已过世，嚣张跋扈的淮南王刘长也绝食而死，帝国基本牢牢地被文帝掌控在手里。文帝想起了千里之外被委屈流放的天才，于是把贾生召到长安，两人在未央宫宣室里有过一番彻夜长谈。

这一夜，文帝仔仔细细问了一些有关鬼神的事，贾谊也原原本本作了解答。

李商隐有名句曰："可怜夜半虚前席，不问苍生问鬼神。"即指此事。

但这一夜应该并非只聊这个话题，因为在长谈之后，文帝忍不住感叹道："好久没见贾生，我以为自己的见识已经超过他了，现在才知道并没有。"

吾久不见贾生，自以为过之，今不及也。——《史记·屈原贾生列传》

这一年文帝将贾谊任命为小儿子梁怀王的太傅，离长安更近了一步，不时地遣使向他咨询国事。而鞭辟入里、字字珠玑的

《治安策》就写在这一年，贾谊仿佛又看到了一展才华、实现抱负的希望。

五年后的文帝十一年，梁怀王不幸堕马而死。贾谊作为王师，认为是自己保护不周，内疚自责不已，"哭泣岁余"，一年后终于在忧伤中死去。

西汉末年的大学问家刘向、刘歆父子评论贾谊道："虽古之伊、管未能远过也。""汉朝之儒，唯贾生而已。"

但三十三岁的天才，至死也未能回到向往的长安。

第十二章　从军功集团到法吏官僚

文帝十三年，一名齐国的官员被抓捕到长安，将被施以肉刑。所谓肉刑，是指割鼻、断足等以毁坏人的肉体为手段的刑罚。

这名官员名叫淳于意，是齐国的太仓令。他之所以得罪，却是因为医术高明，又不肯随便为人诊治，遭人有意投诉。这是一起典型的医患矛盾。

淳于意膝下无子，育有五名女儿，在被抓捕时，一时激愤，破口对她们大骂："究竟还是要生儿子，现在有个紧急情况，你们一点忙都帮不上！"

其中，他的小女儿名叫淳于缇萦，见状悲伤流涕，跟着父亲一起到了长安。

入京之后，缇萦便即刻上书，书中称：贱妾的父亲在齐国为吏，一国之人，无不称赞其公平廉洁。如今父亲以罪入狱，即将受刑。妾以为，死者的生命不可追回，断掉的肢体不能复生，即使以后想改过自新，也没有办法返回到最初的状态了。妾宁愿自己被没入官府，为奴为婢，为父赎罪，使其免受刑罚之苦，得以有改过的机会。

妾父为吏，齐中皆称其廉平，今坐法当刑。妾伤夫死者不可复生，刑者不可复属，虽后欲改过自新，其道亡繇也。妾愿没入为官婢，以赎父刑罪，使得自新。——《汉书·刑法志》

文帝见到这一封上书后，十分同情缇萦救父之心，为此专门下制令称：听说虞舜之时，治理罪犯，只是让他们穿上和常人不同的衣服，并不用刑戮，百姓就受到教化，以此为耻，不肯轻易犯罪，这才是治理天下的极致啊。汉的法律有三种肉刑，而作恶为奸之人仍然禁而不止，究竟是什么原因呢，莫非是朕的德行浅薄、教化不够而导致的吗？朕每想起此事，惭愧之至。所以，教育缺失才是百姓陷于犯罪的根源。如今，人一有犯罪，得不到教育引导却先已用刑，即使想改过从善，也没有机会了，朕觉得此事极不合理，值得同情。大凡肉刑，不是断人肢体，就是刻人肌肤，或是终身不育，这难道符合为民做父母官的初衷吗？请御史研究一下去除肉刑，或者用别的惩罚手段代替的措施，推广实行。

其时的丞相仍为张苍，他会同御史大夫冯敬等人商讨后，制定了以鞭笞罪替换肉刑的方法。具体如：本来应当割鼻的，用鞭笞三百下代替；当砍掉左脚的，用鞭笞五百下代替。除此之外，还有一些其他降低其他刑罚的措施。

无论《汉书》还是《史记》中，在张苍的上奏里都没有提到宫刑的替代办法，因此就连一些学者也认为文帝时，并没有废除宫刑。例如北魏著名的政治家崔浩，在修定律法时，就说"文帝除肉刑而宫不易"。但其实同样在《史记·孝文本纪》中最后，景帝元年诏中就明确提及，文帝有"除宫刑，出美人"的德行。因此文帝十三年，去除的三种肉刑，应为劓刑、刖刑和宫刑。

对于去除肉刑这一政策，总体上来说，出发点是惠民的，因此也被认为是文帝的主要德政之一。比如南宋学者陈傅良就十分赞赏，称："以一女子之言，改百年之故典，非甚勇不及此。"认为文帝不但仁慈，而且勇毅。

但除肉刑实际施行的效果，则未必如愿。因为肉刑一概替换为鞭笞，执法的轻重完全由人掌握。法吏若是看不顺眼，往往一个本来并非死罪之人，承受不到法定的鞭数，就已经被活活打死。即使能活下来，也已被打得不成人形。若是有意放一马，手下稍轻，则形同虚设。这项刑罚的轻重，最终成为了酷吏贪吏手中的砝码。

"外有轻刑之名，内实杀人。""加笞与重罪无异，幸而不死，不可为人。"——《汉书·刑法志》

因此到景帝元年和中六年，又先后两次降低鞭笞的数量，直到把鞭笞五百的降至二百，鞭笞三百的降至一百。

即便如此，鞭笞仍然不是一项十分公平的刑罚手段，故此一直到东汉末、三国时，屡屡有提议恢复肉刑者，不是觉得笞刑太轻不足以惩恶，反而是觉得其实际效果太重。

回过头来看淳于意一案，因为幼女缇萦舍己救父，最终免于受刑。此事在史上被当做孝行广为流传。我们抛除掉一些腐朽的观念来看，女子在勇敢和智慧这件事上，并不比男子差，谁说淳于意这样的"生子必生男"看法，不是一种偏见呢？

另有一个细节可说的是，作为一名当时著名的医者，文帝之后还特意下诏询问淳于意诊病的经验，淳于意将记得的病例姓名、症状、诊断、治疗效果一一如实汇报，皆在《史记·扁鹊仓公列传》，是一手不可多得的研究资料。

回归正题，去除肉刑，只是文帝在位期间推行法制改革的一项措施。终文帝之治，有一项核心的主线，即是一改汉初军功集团占据政府要位的局面，逐渐打造一个由专业法吏组成的官僚系统，如前所述，这既是为了不断巩固自己的统治地位，也是为了实现政府功能的更好运转。不得不说，文帝既谨慎，又有远见，是个心思缜密、步步为营的政治家，到了一丝一毫都要设置精准、把控到位的细密地步。

军功集团占据国家的权势地位，是任何一个朝代建立的必经之路、必然特点，否则难以消解这群人的欲望，一旦措置失当，这群人就会心理失衡而引起政局的混乱。因此，汉初的政府系统，三公九卿，特别是三公，几乎是严格按照建国功勋按资排辈、轮流坐庄的。丞相一职，从萧何、到曹参、到王陵、到周勃、到灌婴，甚至到张苍，再到之后的申屠嘉，都是如此。只有陈平和审食其，是吕后主政时，政由宫中出，把丞相职一分为二，凭私人宠幸加进去的。

文帝即位，正处于军功集团陆续亡故的末期，他有意识地选拔和任用专业法吏，通过改革和健全法制，对外广泛施恩于百姓，极力恢复生产，对内则借法制来打压政敌，加速军功集团的消解。前述周勃被下冤狱一事，即是例子。

李开元先生在《汉帝国的建立与刘邦集团——军功受益阶层研究》中，统计了汉各时期三公九卿中法吏出身者的数量统计，高帝、惠吕加起来在位二十二年（刘邦只算称帝后），法吏出身者为零，说明其时建国功臣集团实力雄厚，人员众多，完全没有其他人涉足的余地。文帝在位二十三年，这一数字陡然增加至三十三人，当然有功臣不断身故的原因，但与文帝刻意为之的努力也分不开。

既强调法，则主管全国司法刑罚事务的廷尉一职，就显得尤为重要。其人必须业务精通，直言善辩，又必须在灵活的范围内强硬持正。

文帝初年所用廷尉，是当初推荐贾谊的吴公；而后期所用廷尉，是历史上更有名的张释之。

《资治通鉴》把张释之任廷尉归在了文帝三年，于是有人认为文帝六年周勃下狱时，当事主官就是张释之。但《史记·张释之冯唐列传》说，张在文帝朝，任骑郎一职，十年都得不到调动。《汉书·张冯汲郑传》则采用了《史记》的说法。可见办理周勃案的，应该仍是从文帝二年到文帝六年一直任廷尉的吴公。

骑郎虽为皇帝侍卫，但张释之是凭家资十万这项条件补为郎官的。

以訾为骑郎，事孝文帝，十岁不得调，无所知名。——《史记·张释之冯唐列传》

"訾郎"要自备衣饰鞍马，既然久不得升迁，张释之心灰意冷，想想性价比实在不高，打算自己辞职。幸而时任中郎将的袁盎知道他的才能，推荐其补谒者一职，负责接收文奏，通报传达。张释之得到了与文帝进一步交流的机会，便为文帝谈秦汉兴替的原因，文帝称赞他的见识谈吐，又提拔其为谒者仆射。

有一日，文帝参观虎圈，即官方饲养动物的地方，张释之随行。

文帝问主管虎圈的上林尉登记在册的各种禽类、兽类有多少，一连问了十几个问题，上林尉支支吾吾，左看右看，完全答不上来。

见文帝有些恼怒，旁边一名小吏走上前来，对答如流。

文帝道："官吏不应该是这样子的吗，管事的太不靠谱了！"于是回头便令张释之立即升这名小吏为上林尉。

张释之站在那里久久不动。

文帝好奇地看着他。

张释之这才上前，说道："陛下认为绛侯周勃是什么样的人？"

文帝不明白他为什么要问这个问题，但还是回答了："绛侯是名忠厚的长者。"

张释之又问："东阳侯张相如呢？"

文帝答道："也是一名长者。"

张释之道："绛侯、东阳侯都是人所皆知的长者，他们两人说起事情来，有时也疙疙瘩瘩，辞不成章，哪像这名小吏一样只会逞口舌之辩。当初，秦朝的人事任免，就败在只任虚有其表却无其实之人上，因此只传二世，就土崩瓦解。如今陛下因为一名小吏表达流利就提拔，臣恐怕天下争相效仿，都只学口舌之辩而无真才实学。上之所好，下必甚焉，陛下的举措，不可以不慎重。"

文帝因此打消了提拔这名小吏的念头。

后世对这件事，颇有非议。许多人都认为小吏尽忠职守，而张释之有矫枉过正之嫌。也有人认为，张释之主要是想再次提醒文帝秦朝所以灭亡之因，所以趁此机会借题发挥。因为从虎圈回宫的路上，文帝就兴致勃勃追问他秦朝执政的弊端，到了宫中，就立刻升张释之为公车令，掌管殿门等的巡逻值勤，更见亲信。

上就车，召释之参乘，徐行，问释之秦之弊。具以质言。至宫，上拜释之为公车令。——《史记·张释之冯唐列传》

具体什么原因，无法明晰。但从中折射出张释之的性格是，其似乎是一位原则性较强之人，或许这是他往后被提拔为廷尉的因素之一。

没过多久，太子刘启和弟弟梁王共坐一辆车入朝。按照宫中规矩，经过司马门时必须下车步行，太子和梁王那一日却不知何故，长驱直入。张释之见状，一路追去，拦住二人的车。

涉及到太子犯错，都是极难处理的。首先，身为公车令，本身就负责司马门的值勤，假如不秉公办理，则是失职。所以张释之第一时间上去拦截。之后，要不要上奏此事，又是一个抉择。假如不上奏，则很容易被太子仇敌以此为柄，攻击太子行为不端，同时自己也极有可能被认为党于太子，故行包庇。因此，最好的办法是自己上奏。最后，该怎么上奏，又是一个最难的问题。自古以来，最难的事，便是处君王父子之间。上奏儿子的过错，实际上是把难题抛给父亲做。更何况，太子不是一般人，他是帝国未来的继承者，你所指责的每一件事不光影响父子感情，更影响帝国命运，当然，也可能影响到自己的生存。

张释之仔细考虑后，把这件事直接上奏给了薄太后。他断定薄太后疼爱孙儿，必不会重罚太子，只会在家族内部消化掉此事。果然，薄太后听说后，责备了文帝，并同时亲自下诏赦免太子、梁王。文帝则向太后道歉，表示教子无方。这件事就顺利地从一件违国法之大事变成了皇族内部家教的小事。即便有人对此事抱有微词，也只能怪薄太后溺爱两名孙儿，张释之顺利地为文帝卸掉了包袱，又保全了太子的地位。可见张释之除了原则性外，行事又颇懂得灵活机变，因此文帝对张释之刮目相看，这件事后，升任其为中大夫。

文帝由是奇释之。——《史记·张释之冯唐列传》

一个"奇"字，显示了张释之处理太子事件的不易和机灵。只不过太子仍然对此事耿耿于怀，即位后不久便对其贬职，进行了报复。

后张释之任中郎将，随文帝行至霸陵之上。霸陵是文帝为自己选择的陵墓所在，历代皇帝都在上任初便为自己选择身后的风水宝地，依山建陵。

文帝陪着慎夫人，一起登上山，向北眺望。文帝指给慎夫人看新丰道，说："你看，这条路蜿蜒往东北而去，可以抵达你的家乡邯郸。"其实从邯郸再往北，就是文帝年少时受封的代国。他在代国度过了自己的青葱岁月，命运的诡谲让他意外入京为天子，此时又已过了十数年。他从一个鲜衣怒马的少年诸侯王，变成了头发花白、形容衰朽的一国之君。登上自己的寿陵，生老病死的忧怀、一生倥偬的悲思，让他忍不住凄凄惨惨，长吁短叹起来。

他让慎夫人鼓瑟，自己倚瑟高歌，不知唱的是燕代地区激昂慷慨的壮声，还是父辈宛转悠扬的楚声。几曲唱罢，他四顾高山，又想起身后之事，感叹道："以北山之石作为我将来的棺椁，用麻絮等填满缝隙，再涂以漆料，埋在此山之中，应该无人可以撼动了吧。"

左右侍从见文帝如此动情，都顺着他的情绪，附和道："陛下说的是啊！"

唯有张释之上前道："假如山陵石椁中有金银宝藏这些别人贪求的东西，就算把山浇铸起来，别人也会千方百计找到缝隙。假如没有，就算不用石椁，又有何可以担心的呢？"

文帝兴致正高，被当头泼了一盆凉水，倒也没有生气，反而对张释之节葬的建议非常认同，同时对其人的认可，也上升到了又一个高度。不久之后，就拜其为九卿之一的廷尉。张释之任廷尉，应在文帝生命的最后两年。

他在廷尉任上有两件事值得一提。

一是文帝有一日在中渭桥上路过，按照天子出行，应该清道警跸的规矩，一名行人赶紧在桥下躲避起来。过了很久，其人估计文帝已行远，就从桥下出来，不小心惊动了拉天子乘舆的马，吓得拔腿就跑。后此人被逮捕归案，文帝令廷尉审理。张释之按照法律，作出判决："一人犯跸，当罚金。"

文帝见到报告，雷霆震怒，道："此人惊动的可是我的马！幸好御马温顺，换了其他马匹，我早就受伤了！廷尉竟然认为这样的只需罚金？"

张释之冷静地解释道："所谓法律，是天子和天下人共同遵守的规则。法律规定的是如此，陛下偏要加重惩罚，则法从此就难以取信于民。此人犯跸之时，陛下当场诛杀他，臣不敢说什么。既然你交给我审理，廷尉一职，掌管天下公平正义，我一旦有所偏私，则天下各郡县用法都将随自己喜好有所倾斜，百姓就将手足无措。请陛下体察。"

文帝总算也是个理智而谨慎的君主，心知自己所要的，的确就是如此的执法理念，于是强行按捺住心中的怒火，说道："没错，这就是廷尉的本职。"

后又有人偷窃高庙中供奉刘邦的玉器，释之又按照法律，判决其人应当斩首示众。

文帝再次勃然大怒，道："此人偷盗先帝的庙器，实在是大逆不道。我交给你办理，是要你族灭他一家。仅仅按照法律判决，难解我心头之恨，也非子孙孝敬宗庙之意！"

张释之磕头谢罪道："其人斩首，按照法律已经判得很充分了。判决应以犯罪情节的轻重作为依据。现在偷窃宗庙玉器就灭族，臣斗胆问一句，假如有愚民发掘先帝陵墓，陛下准备再怎么加重惩罚呢？"

这两件事，是专业法吏行使职权的典型事例。也是文帝朝逐渐从军功集团向法吏官僚系统逐渐转变的一个象征。

第十三章　文帝的南北外交（上）

文帝时代和武帝时代不同，国之东西两面，虽有外邦，却暂时略无交通，主要的外交对象，在一南一北。南为南越国，北为匈奴国。

秦始皇兼并天下，在遥远的岭南设置三郡：桂林郡、南海郡、象郡，覆盖了今天的广东、广西，以及贵州和越南等部分地区。

秦二世时，南海郡的郡尉，即军事长官，名叫任嚣，行将病死。他叫来治下的龙川县令赵佗，在病床前嘱托道："听说陈胜等人起兵作乱，天下豪杰纷纷叛秦自立。南海郡离中原僻远，我也打算征兵自卫，断绝道路，以免叛军来侵。只是身染疾病，不日将死。我看番禺这个地方有高山作为天然屏障，地方数千里，颇有徙居此处的中国人可以相助成事，完全可以自立为一国。郡中其他人，不足与谋，所以叫赵公你前来，希望你可以听从我这个建议。"

赵佗因此接替任嚣掌握郡中兵力，设置关卡、断绝交通，然后杀掉秦朝派遣的一些官吏，拥兵自卫。等秦灭亡后，赵佗又攻下桂林、象郡，统一岭南，自立为南越王。

南越国和匈奴有所不同，农业文明相对于游牧文明来说，虽然也有天灾人祸，但民众生活相对稳定，假如一个国家甘于自保，而四邻同样不乐于扩张，则能相对保持安定和平。

刘邦兴汉有天下之后，由于中原长期受战乱之苦，加上南越远在边陲，有意放过赵佗，由他自治南越，只是希望他口头能向汉朝称臣，保持一种名义上的臣属关系。

但让一国之主甘愿称臣却并不是一件容易的事，哪怕只是礼节性的。赵佗在南越毕竟也是至尊，谁愿意毫无来由低人一等呢？ 为刘邦前去完成这一外交任务的人，正是之后在诛吕之乱中，沟通陈平、周勃，串联各利益集团的辩士陆贾，是个辩才了得的人物。

赵佗知道陆贾的来意，有意先给他个下马威，于是"魋结箕踞见陆生"。所谓"魋结"，是指把髻扎成一个椎形，"箕踞"是指两腿扎开而坐，是一种非常不正规不礼貌的坐姿。赵佗故意不以中原之礼见陆贾，目的正是要羞辱他一番。

陆贾见状，不卑不亢，正色直言道："足下本是中国人，亲戚兄弟坟墓皆在赵国真定县。然而足下一反天性，抛弃礼仪，妄想以区区越国之地和大汉天子抗衡，我看足下即将大祸临头。"

见赵佗无礼，陆贾干脆也不敬称其为王了。

赵佗一听，大怒："小子大胆！什么大汉天子，不就是沛县一小小亭长吗！"

陆贾不慌不忙道："暴秦乱政，失却民心，诸侯豪杰因此纷涌而起。然而汉王一马绝尘，先据咸阳。而后项羽背弃楚怀王之约，自立为西楚霸王，诸侯皆臣属于他，可谓天下至强。然而汉王西起巴蜀、鞭笞天下、统率诸侯、剿灭项羽。仅仅五年之间，就统一海内、平定天下，这岂是人力所为？是上天也以汉王为众望所归。不是天子，又是什么？"

赵佗一时语结，仍不快道："他自做他的大汉天子，那又与我何干？"

陆贾道："当初天下反抗暴秦和征讨项羽时，诸侯莫不以助汉王为大义所在，足下却偏安一隅，趁机称王，岂是英雄所为？汉朝将相听说之后，皆欲移兵南越，兴师问罪。幸而天子哀怜百姓征战辛苦，这才暂且按下不提。又特意令我前来颁赐王印，从此两国通使交好。大王照理应该在郊外远迎，向大汉北面称臣。如今大王新建越国，民心尚未顺服，却偏要在大汉使臣面前逞强。假如天子听我如此回报，雷霆震怒，下令挖掘大王先人陵墓，扬烧祖宗尸骨，夷灭亲戚宗族，再派遣一名将军，率领十万兵马大军压境，恐怕越国百姓在畏惧之下，取大王人头以降汉，只是易如反掌之事。"

陆贾出口成章，恩威并施，赵佗听了不免心中凛然，忙收拾好仪态，正襟危坐，向陆贾表示歉意道："我在蛮夷之中居住时日太长，礼仪方面有所疏忽，请莫见怪。"

陆贾见他有所收敛，也回了回礼。

气氛缓和下来之后，两方便开始聊起两国风土人物。

赵佗对兴汉立国的一班功臣十分感兴趣，问道："我和萧何、曹参、韩信等人比，谁更贤明？"

陆贾顺势恭维道："大王貌似更贤明一些。"

没想到赵佗紧接着又问："那我和大汉皇帝比呢？"

陆贾敛容道："大汉皇帝从丰沛起家，先灭暴秦，后诛强楚，为天下人除害，得以百姓爱戴，统理中国，继承的是三王五帝的事业，谁人能比？而且中国百姓数以亿计，地方万里，物产富饶，民众齐心，自开天辟地以来未有如此之格局。大王治下，人不超过数十万，又以蛮夷居多，地处崎岖山海之间，论规模，不过大汉之一郡而已。南越和大汉，哪有可比之处。"

一提到敏感问题，陆贾一言不让。

赵佗听得哈哈大笑道："我没有参与中原战事，才在南越称王。假如我也在中原，未必不如汉朝。"

这句话一方面说明赵佗心里仍然不服刘邦其人，认为不过是因缘际会，时势所造的英雄。另一方面，也说明他确实承认，目前两国实力悬殊，不得不暂时低头称臣。

赵佗本是赵国真定人，南越国又久与中原隔绝，难得有汉使前来，因此留陆贾欢饮了几个月，赠送数千金，听陆贾聊聊中土的故事，处得非常愉快。

到吕后时期，赵佗自称南越武帝，他这个"武"字，和中原的谥号还不一样。谥号是在死后才冠上的，也就是说汉文帝生前，不会称自己为文帝；汉武帝生前，也不会称自己为武帝。而赵佗是自称武帝，所以并非谥号。之所以如此称呼，可能是故意与汉朝皇帝有所区别，就像项羽自称为"西楚霸王"。

赵佗称帝时还发表了一通解释，称："汉高帝时立我为王，两国通使交好。如今高后听信谗言，与我国断绝关市交易，这应该是长沙王的诡计，他想借助中国之手灭南越而占有我国土地。"

南越国和长沙国毗邻，故有此一说，并发兵侵略了长沙边境。

高后四年的确曾有官员建议：禁止与南越国进行铁器等物资交易。但考诸当时实际情况，应是赵佗先有意对周边小国进行武力扩张，且实力膨胀迅速，汉朝欲抑制其壮大，才有此一议，不向其国输入重要战略物资。只是这恰好成为了赵佗发兵长沙的借口而已。

佗因此以兵威边，财物贿遗闽越、西瓯、骆，役属焉，东西万余里。——《史记·南越列传》

可见无论军事实力，还是财富实力，南越都已经有了称霸一方的资本。

对于赵佗的有意挑衅，吕后并没有打算忍让，曾派军征讨。然而时在夏天，南方本就暑热，瘴疫盛行，士兵未过岭南便损伤惨重，只能作罢。实际上，恶劣的环境条件历来就是北方政权南征的一大障碍。

文帝即位初年，一方面打算休养生息，恢复国力；另一方面，朝中政局未稳，不愿兴兵让功臣集团再添新功、更竖威望，故有意与南越修好，主动为赵佗在真定的亲人坟墓设置守邑，按时祭祀。同时又找出赵佗在中原的堂兄弟们，赐官加爵，刻意尊崇。

同时，文帝卑辞厚礼，修书一封，其文曰：

大汉皇帝向南越王致意：

朕，乃是高皇帝侧室之子，一直在北疆为国守护边境，路途遥远，性格鲁钝，所以未曾有书信和南越往来交流。

高皇帝驾崩之后，孝惠帝不幸身体有疾，吕后用事，诸吕变乱法制，以他人子作为孝惠帝后嗣，幸得功臣将乱臣诛杀殆尽，又力推朕入主官中，现已正式即位。

听说王曾写信来寻访亲兄弟，要求撤销大汉在长沙国的驻军将军。朕已经一一办妥。但前两日听说王又发兵入寇，攻打长沙。战争一起，必杀伤将士、孤寡妻子、弃绝父母，得不偿失，又岂止是长沙国百姓受苦，南越国百姓也将深受其害。

朕有意和王一起重新界定长沙和南越的边界，但臣下告诉我说，长沙的国土是高皇帝划定的，我不能够擅自更改。臣下又建议说，就算得到王的领土和财富，对汉朝来说也是九牛一毛，因此岭南之地，就任由王自己治理吧。

但王假如执意称帝，两帝并立，却没有使者在其中沟通往来，必然造成纷争。争而不让，不是仁者所为。希望能和王尽释前嫌，重新通使修好。希望王能够接受这一建议，从此不为边寇。

文帝这封信的语气和高帝时出使的态度相比，已经相当客气和委婉。原因自然是双方面的，自己新即位，帝位尚未坐稳，而南越国又处在实力上升期，此消彼长，形势让他不得不拿出谦恭的样子。

这封信里也透露出一些信息，值得细细琢磨。

第一，应该是南越国在侵略过程中，向汉朝提出了重新界定边疆的要求，否则文帝不会主动提及此事。但文帝借口国界线是父亲刘邦时划定的，自己无权更改，拒绝了这一要求。

吏曰"高皇帝所以介长沙土也"，朕不得擅变焉。——《汉书·西南夷两粤朝鲜传》

第二，文帝明确表示不出兵，自己主动先退一步，换取南越国也不再为寇。

第三，文帝几乎没有用任何肯定的语气，要求赵佗取消帝号。

因此总体来看，文帝的书信是修礼为主，展示汉朝诚恳的态度。文帝这么着急争取与南越国的和平，自然有他的政治目的。如前所述，他首先需要一个稳定的外部环境，才有精力收拾京城内诛吕之后的残局。因此，与南越国的外交，止战是主要目标，让赵佗取消帝号俯首称臣，反倒是次要的。当然，能争取总归是要争取的。因此在书信中，停止战争说得更明确，取消帝号就相对隐晦一些。次要的目标，可能更多要靠使臣口头进行沟通。

经陈平推荐，陆贾第二次临急受命，出使南越。

陆贾这次出使，和第一次截然不同，没有留下任何和赵佗的谈话记录。

陆贾本人曾撰写《楚汉春秋》，记录时事。何故第一次出使，洋洋洒洒，详备细节，这一次却完全不做记载呢？大概有两种可能，一种可能是赵佗看完文帝的书信，当场就被劝服了，不需要陆贾再作任何劝说工作；另一种可能是，他口头上传达的文帝旨意，又和书信有所出入，不便记录下来。

究竟是哪一种可能，或许很难知道答案了。

但陆贾这次出使的结果，仍然不辱使命，带回来一封赵佗的书信。

信中赵佗称，自己攻打长沙国，是因为吕后朝首先挑衅，而自己之所以称帝，是因为周边的蛮夷之君都称王，所以自己才改称帝号，聊以自娱。如今愿意再次向大汉北面称臣，不敢为帝。

赵佗的信全文较长，故不再翻译。但信中的语气非常卑躬屈膝，反而令人生疑。比如，"然夙兴夜寐，寝不安席，食不甘味，目不视靡曼之色，耳不听钟鼓之音者，以不得事汉也"，"老夫死骨不腐，改号不敢为帝矣"，等等，态度之谦卑畏惧，远胜第一次。书中同样说到如今的南越国，"东西南北数千万里，带甲百万有余"，实力远远超过当初，而文帝的书信又温和至极，赵佗完全可以依礼而答，有什么理由要如此显出畏惧忧恐的样子呢？

除此之外，信中提到的称帝原因，倒可能是赵佗真实意图，即当时他已经征服了周边蛮夷小国，既然这些小国的君主都以王为号，他作为盟主，自然必须有所区别。

也因此，尽管陆贾带回来的南越国书，赵佗已经取消帝号向汉朝称臣，但实际上，南越仍然在国中使用帝号，只是在出使大汉时，假模假样地使用和诸侯王一样的礼制而已。毕竟，赵佗要保持自己在南方蛮夷中的尊者地位。

> 然南越其居国窃如故号名，其使天子，称王朝命如诸侯。——《史记·南越列传》

不过，对于初即位的文帝来说，这就够了。

他要的是和平，可以让百姓不再受战争之苦；他要的是稳定，可以集中精力应付朝中政局；他要的是面子，可以让那些倚老卖老的功臣看看，他这个少年天子在国际上也有足够的尊严。

更何况，对于国家重心在黄河流域的西汉王朝来说，外部真正的威胁并不在南方卑湿的山海之间，而是在北方辽阔的草原和大漠之上。

第十四章　文帝的南北外交（下）

邓广铭先生曾说，历史研究有四把钥匙——年代、地理、职官、目录（大意）。地理环境是决定历史走向的一个重要因素。

比如，匈奴之所以成为汉朝的心腹大患，实在是和他们的生活习性分不开的，而他们的生活习性又为所处的地理环境所造就。所以从某种角度来说，地理环境是匈汉两族人矛盾无法调解的背后根源。

尽管匈奴的势力范围非常广大，特别是东西北三个方向，延伸到很远的地方，自然有多种地理环境，但匈奴本部，则以辽阔的荒漠盆地为主。在汉代，习惯把该盆地分为漠南和漠北两部分。在大漠的最南，有一道山脉，称之为阴山。阴山是汉朝和匈奴天然的地理交界，因此有"不教胡马度阴山"之说。

除了荒漠，还有少量的草原，这是匈奴人放牧羊马的主要

场所。这些草原的面积并不是永久不变，而是随着雨雪和天气
时大时小。这就决定了匈奴必须随时随地能够迁徙到水草茂盛
的地方去。

随美草甘水而驱牧。——《盐铁论》

农耕文化也受天灾影响，但相对而言，匈奴这样的游牧民
族更看天吃饭。一旦气候恶劣，衣食不足，便只能四处劫掠。
因此在自给自足的中原人眼里，这是一群没有礼义、没有教养
的野蛮人。

比起南越国来说，匈奴要令文帝更为头疼。

文帝即位之初，对待南北的外交政策是一致的，希望通过外
部的和平来为自己赢得稳定朝局的时机。因此主动致信冒顿单
于，延续高祖、孝惠和吕后时期的和亲政策。

只不过和亲政策对于匈奴的限制作用，其实是有限的。如上
所说，决定匈奴行事风格的最大因素，其实是气候。当气候温
暖，水草丰茂，不愁吃穿时，乐得从汉朝得到公主和随嫁的财
物，保持暂时的和平。一旦到天气苦寒，物资紧张时，匈奴根本
不会在意是否有和亲，屡屡撕毁合约，对边境进行规模或大或小
的杀掠。

于是文帝即位才第三年的时候，匈奴右贤王便悍然入侵黄河
南岸的上郡，大肆屠杀抢劫。

文帝三年是什么时候呢，是周勃刚刚接受"列侯之国诏"，免相回到绛县的时候，是朱虚侯刘章、东牟侯刘兴居抑郁受封小国后不久，也是淮南王刘长公然刺杀审食其气焰正盛那年。此时，文帝的一系列部署刚刚启动，匈奴右贤王的入侵却横插一脚，打乱了他的节奏。

虽然想要和平，但对手都踩到头上了，自然是要还击的。而且既然要战，新天子也正好趁这一战树立威信。于是文帝派出的将军是当时除周勃以外，最有作战经验、最有权威的灌婴，同时自己紧随其后，有亲征的意向，显示出强烈的必胜愿望。

灌大将军不负重托，只用了很短时间，便将右贤王的人马赶出境外。但东方又传来刘兴居谋反的消息，这令文帝更加意识到帝国内部的稳定，可能才是当前的主要矛盾。

三年之后，冒顿单于致信文帝，表面上为右贤王入侵之事致歉，实际上是借此信耀武扬威。这位匈奴史上唯一一位杀父自立、强力扩张，又围刘邦于平城，凌辱吕后的酋长，怎么会把一个乳臭未干的年轻天子放在眼里呢？在这封信里，他得意洋洋地炫耀在过去几年里，灭月氏国，以及吞并二十多小国的光辉战绩。

以天之福，吏卒良，马强力，以夷灭月氏，尽斩杀降下之。定楼兰、乌孙、呼揭及其旁二十六国，皆以为匈奴。——《史记·匈奴列传》

究竟该战，还是该和，文帝谨慎地和朝臣们进行了一番商讨，意见却出奇一致，都认为该和。理由有两点，匈奴新灭众国，风头正劲，加上匈奴的居住地水咸地瘠，既不宜居住，也不利耕种，得来无益。这是一种较为理性的意见，但客观讲起来，群臣的态度，比起前几任天子时，似乎少了点血性，不知是不是经历多次匈奴打击的缘故。

不久，冒顿单于去世，儿子稽粥继任，称为老上单于。

文帝立刻启动和亲计划，希望趁匈奴首领更换之际，改善两国关系。两国外交，往往战略随国君的个人性格而变化，只要老上单于不像父亲冒顿那么穷兵黩武，或许可以借此机会赢得长时间的和平。

有一名叫做中行说的宦官在此次和亲中负责陪伴公主，一起出使。但他神情怏怏、脸色显得十分难看。在出发前，他曾拒绝接受这一任务，可能是觉得匈奴之地，条件恶劣，生活辛苦。执拗不过的他恶狠狠发誓道："如果非让我去，我将让汉朝付出代价。"

必我行也，为汉患者！——《史记·匈奴列传》

中行说到了大漠，果然投降匈奴。匈奴对于汉朝投降之人，往往特别亲信依赖，让他们作为参谋或将军，负责训练士兵、领军作战，或者出谋划策。

中行说在匈奴帐中咬牙切齿地履行着自己的誓言，主要是在外交上处处和汉朝针锋相对，态度十分强硬。

比如，汉朝给匈奴的书信简牍，规格一般是一尺一寸，起首称"皇帝敬问匈奴大单于无恙"。中行说深知中原的礼制，便令单于用一尺二寸的简牍，起首称"天地所生日月所置匈奴大单于敬问汉皇帝无恙"；其他类似的外交物品，规格也处处有意超过汉朝。

两国外交，常常在言辞上针锋相对，攻击对方缺点，以图在气势上取胜。比如汉朝使者，最常指责的便是匈奴不知礼义，并举例匈奴以老人为贱，父亲死了、儿子娶母亲，哥哥死了、弟弟娶其嫂，一点廉耻都没有。而中行说便指责汉朝表面上道貌岸然，实际上亲属相争相杀，生活奢靡浪费，所谓的礼义廉耻，其实都是虚伪。

中行说还劝老上单于要立足匈奴自己的传统，引导其众鄙视汉朝的服饰和饮食，不要被汉朝的文化侵略动摇心志。

恰好，在贾谊上给文帝的对策里，有提到针对匈奴的"三表五饵"策略。其中的"五饵"，就是以中原锦绣的服饰、甘甜的美食、繁华的住宅等，作为诱饵，来慢慢让匈奴之人向往汉朝，降服其心。可见其时，汉朝之有识之士，已经意识到文化生活的冲突，是两族人民的根源性问题了。

文帝寄希望于老上单于是一个爱好和平之人,这样的希望很快就落空了。

据史书的记载,稽粥就位之后,他所做的事情,最值得注意的有好几件:第一,杀月氏王而以其头为饮器,并强迫大部分的月氏人离开敦煌与祁连间的故居;第二,帮助乌孙再度迫走迁到伊犁河谷与准噶尔的月氏,使乌孙占据这些地方;第三,继续南下侵扰汉边。——陈序经《匈奴通史》

老上单于接手的,是一个正当强盛的匈奴族,他非但没有止战的想法,反而打算扩张势力。

文帝十一年和十四年,老上单于两次入侵汉朝。

特别是十四年冬天这次。匈奴的行动往往跟气候有关,或许是这一年的冬天特别严寒,生存受到了极大威胁,因此老上单于亲率十四万骑兵大举南下,杀死北地都尉孙卬,抢掠残杀人民和畜产无数。匈奴的斥候部队甚至一直深入到甘泉宫附近,已经可以远远望见长安。

文帝既惊恐又震怒,一边发兵赶往前线阻敌,一边派张武等亲信领军,加强长安附近的守卫。同时文帝打算再次亲征,群臣进谏皆不听,最后是在薄太后的劝阻下才放弃。

虽然没有亲征,忧心忡忡的文帝还是特意拜访了世代为边将的冯唐,向他征求对策。冯唐却直言批评,称文帝对于守边大将过于苛刻，"法太明、赏太轻、罚太重。"这也是文帝致力于打造法吏政府的一个侧面例证。

老上单于在汉境内足足停留了一个多月才离去。汉朝此番作战，仅仅只是把他们赶出塞外而已，并称不上胜利。从此，匈奴每年都犯边烧杀抢掠。

单于留塞内月余，汉逐出塞即还，不能有所杀。匈奴日以骄，岁入边，杀略人民甚众，云中、辽东最甚，郡万余人。汉甚患之。——《汉书·匈奴传》

一句"甚患之"，深深道出了文帝的无奈和百姓的痛苦。

几年之后，老上单于去世，其子军臣单于继位。其时中行说仍然在匈奴任事，在他的怂恿之下，匈奴仍然与汉保持明显的对立关系。

这是文帝一生打交道的第三位单于。他继续采用和亲政策，以换取和平。而军臣单于则一如其祖其父的风格，很快就再次撕毁合约，各以三万骑入侵上郡和云中两地。

文帝遣朝廷军，和代国、赵国这些边境诸侯国，分头屯兵前线，又遣周勃之子周亚夫、宗正刘礼、祝兹侯徐悼分别领兵驻扎在长安附近的细柳、灞上、棘门，防止匈奴突袭京城。

文帝亲自到三处营地劳军。到灞上和棘门时，见天子前来，军门大开，车骑得以疾驰而入，将军等人恭迎奉送，唯恐不及。

而到周亚夫的细柳时，为天子开道的几名先驱见军士全部身披盔甲、手执利刃，弓弩手引弩欲发，如临大敌。

先驱见军门紧闭，大喊道："天子将至，速速开门！"

军门都尉道："将军有令在先，军中只听将军号令，不听天子之诏。"

不一会儿，文帝赶来，仍然不得入内。只得派遣一名使者，拿着天子的节信先进去禀明周亚夫，周亚夫这才传令开门。

军门处的将士仍告诫道："将军有令，军中车马不得奔驰！"

文帝一行不得不缓缓骑行，到了营中，周亚夫并不行磕头朝请之礼，只是简单作揖道："甲胄在身，请恕臣以军礼相见。"

文帝十分动容，严肃端正地使人答礼。

出了军门，随从的群臣都没有及时地从军中的威严气氛中恢复过来，惊惧不已。文帝也忍不住叹道："此真将军矣！先前灞上和棘门之军，如同儿戏，其将军可一袭而俘虏。至于周将军，谁敢轻易冒犯！"

匈奴兵罢之后，文帝立刻拜周亚夫为中尉，掌禁卫。并且在临终前，反复告诫太子刘启："将来若有缓急需要用兵，周亚夫绝对可以托付。"

回到匈奴问题上，由于这一敌国狡诈多变，时不时地骚扰边境，已经成为了汉初外部首患。大凡忠义之士、有智之士、爱民之士，无不为此问题费尽思量，希望能找到更为合理的对策措施。

除了贾谊的"三表五饵"策略，提倡以道德感化，以利欲引诱之外，当数晁错的对策为最佳，也最切合实际。

晁错分析了匈奴和汉朝各自的优势。他认为：匈奴的马善于在山谷溪涧的地形里奔驰跳跃，匈奴的骑射兵善于在曲折险要的环境里骑驱射击，匈奴族人习惯了风雨奔波，能忍饥困，这些都是汉朝所不及的。但是汉也有汉的长处，比如到了平原地带，汉的战车就可以发挥冲阵的特点，又如汉有用脚踩动操控的强力弩，比弓箭威力大许多，再如汉的剑戟兵刃等，制作也非常精良，比起国家兵力来说，汉更是可以以十挡一。战争的关键，就是要尽量发挥自己的优势，以己之长，攻彼之短。

晁错又分析了如今边境守备的困境。他称：匈奴就像飞鸟走兽一般，居无定所，时来时去，一会儿攻击燕代之地，一会儿攻击上郡陇西。若是朝廷不发兵相救，边民绝望之下唯有降敌。若发兵，兵少了不足以救，兵多了等调集好，匈奴早已抢夺完散去。如果一直把大批军队派遣在边境，则耗费实在庞大。如此这般，一定会被匈奴拖得国家贫困，百姓不安。

因此，晁错力主"屯边"政策。

汉朝目前的边境守卫，是从全国各地调集男子服一年为期的兵役。时间一到，就各自遣散回家。缺点在于这些从内地过来的人，根本不知道匈奴的习性，做不到知己知彼，如何确保能成功守卫。

晁错建议，不如在边境建立诸多城邑，预先盖好房屋，准备好耕田器具等日常生活用品，然后把国内的罪犯迁徙到此地居住。本来有罪之人得到白送的土地和房屋，往往欢天喜地，会情愿长期居住。如果人数不够，则卖爵给大户，让他们出奴婢往边境输送。还不够，再征集自愿前往屯边的。

凡是屯边之民，国家给予更高的待遇，比如免去田租，赐予冬夏两季衣服饮食，直到他们可以自给自足。没有配偶的，由当地县官出钱给他们分配。让他们得到充分的好处，便会心甘情愿以此为家。这样一来，当匈奴入侵，他们就不是为保国而战，而是为自己的土地、自己的亲人而战，积极性自然更高。同时，凡是能救下匈奴劫掠的财物，允许分其一半；救下匈奴抢走的百姓，官府出钱赎回，如此则百姓之间乐于相助，勇不避死。

晁错认为，这是有利万世的策略。

晁错另有对用将、以夷制夷等军事建议，以及削弱诸侯、更改法令等具体措施。其时贾谊已死，文帝所召对策的学者有上百人，晁错的策论是第一流的。文帝虽然没有全部采用，但觉得其人才华非凡，殊为可用。从文帝令晁错作为太子家令来看，他的用意非常明显，即晁错的措施是可行的，但时候还没有到。
余下的帝国问题，文帝准备留给太子，也就是下一任天子再去
解决。

第十五章　德与欲：文帝的阴阳两面

一个帝王，假如谥号能被冠以"文"字，已经算是很高的评价。

按照《逸周书》中记载的谥法，帝王生平成就属于以下任何一种，都可以称之为"文"：经纬天地曰文，道德博闻曰文，学勤好问曰文，慈惠爱民曰文，愍民惠礼曰文，锡民爵位曰文。从这些规范性的描述来看，"文"字的确是一种褒扬。

权且把先秦诸侯也算进来，历史上以"文"为谥，比较知名的有：春秋五霸中实力最强的晋文公重耳、开创"文景之治"的汉文帝刘恒、建安文学代表之一的魏文帝曹丕、结束南北朝战乱的隋文帝杨坚，等等。

唐朝开始习惯称庙号不称谥号，其实唐太宗李世民的谥号也是"文"。再往后，帝王帝后的谥号开始毫无节制乱加，一个人的谥号可以长达十几个字，比如唐玄宗谥号为"至道大圣大明孝皇帝"，宋太祖谥号为"启运立极英武睿文神德圣功至明大孝皇帝"，慈禧的谥号为"孝钦慈禧端佑康颐昭豫庄诚寿恭钦献崇熙配天兴圣显皇后"，好听溢美的字词能用的都用上了，越泛滥越廉价，越无说服力，谥号也就不值一谈了。

在中国历史上，汉文帝是第一位谥号为"文"的皇帝，那何以在他死后，继位的景帝和大臣们认为应用"文"字来褒扬他的功绩呢？

在《史记·孝文本纪》的最后，司马迁特意抄录了景帝的一封诏书，可以作为说明。

盖闻古者祖有功而宗有德，制礼乐各有由。闻歌者，所以发德也；舞者，所以明功也。高庙酎，奏武德、文始、五行之舞。孝惠庙酎，奏文始、五行之舞。孝文皇帝临天下，通关梁，不异远方。除诽谤，去肉刑，赏赐长老，收恤孤独，以育群生。减嗜欲，不受献，不私其利也。罪人不帑，不诛无罪。除宫刑，出美人，重绝人之世。朕既不敏，不能识。此皆上古之所不及，而孝文皇帝亲行之。德厚侔天地，利泽施四海，靡不获福焉。明象乎日月，而庙乐不称。朕甚惧焉。其为孝文皇帝庙为昭德之舞，以明休德。然后祖宗之功德著于竹帛，施于万世，永永无穷，朕甚嘉之。其与丞相、列侯、中二千石、礼官具为礼仪奏。

文帝死于六月，景帝虽然立刻即位了，但按照规矩，在接下来的七月、八月、九月中，不可以更改年号，名义上他只是在行

使父亲的遗志而已。需要到十月，这是汉历的一年之首，才算是
景帝元年，才是行使自己意志的开端。上面这封诏书，就颁布于
元年十月。在这样一个有象征意义的重要时刻，景帝隆重其事地
列明了文帝的生平功绩。

我们可以一一来看看景帝眼中的父亲。

一、诏书中所谓的"通关梁"，是指汉文帝十二年这样一
条政策：

> 三月，除关，无用传。——《汉书·文帝纪》

"关"是指在一些重要交通点位设置的关卡，"传"是指过
关的通行证。这道诏令解除了各地关卡的关禁，不再需要特殊的
通行证，使得交通更加便利，来往更加自由。这意味着，国家经
过三十多年的时间，终于从秦末汉初的战时状态，切换到了正常
的秩序。而反过来说，这一政策直到文帝即位后的第十二年才推
行，也足见文帝稳定政局之不易，和其谨慎。

当然，实际上农业帝国下的人口流动并不容易，大部分人被
耕地羁绊住一生，而秦时建立的户籍制度，更是把人牢牢地捆绑
在自己的户籍所在地。即便如此，"通关梁"仍然算是汉文帝一
项实在的便民之政。

二、"除诽谤，去肉刑，赏赐长老，收恤孤独"，景帝把这
几项政策归在一类，认为这是父亲慈爱百姓的仁政德行。

其中，"除诽谤"前已有所提及，事在文帝二年，废除了"诽谤罪和妖言罪"。其主要目的，是为了配套"求贤良方正能直言极谏之士"，从而尽快组建亲信集团。同时，汉朝民间巫蛊盛行，常有百姓告发同伴诅咒皇上的，因此被判死罪，文帝令有司今后不用再审理此类案件。无论出于何种目的，客观上，文帝朝对于言论的容忍性，的确比较宽松。

文帝曾有赐给晁错的书信说：为臣之道就要张狂敢说，说的对或说的错都不重要，怎么选择听从，这是考验人主聪不聪明的事。说的人不敢大胆说，听的人不知如何听，这才是国家的大患。

言者不狂，而择者不明，国之大患。——《汉书·袁盎晁错传》

"去肉刑"，也已详说，事在文帝十三年，由缇萦救父一案而发，最终将几项肉刑更改为笞刑。虽然出发点是好的，保护有限劳动力，但实际效果却偏向了另一面，罪犯承受了更大的死亡威胁。我们只能从初衷来肯定这一项措施。

"赏赐长老，收恤孤独"，则是指文帝元年，颁布的救济鳏寡孤独诏和赏赐八十以上老人令。这是实实在在的慈善行为，也是文帝即位之初，真实能迅速赢得民心的有效方法，值得褒奖。

三、"罪人不帑，不诛无罪"，是指文帝元年废除连坐法。汉承秦制，一人犯罪，往往株连父母妻子，甚而有"夷三族"之罪。文帝认为这种方法不足取，量刑合适，百姓才会服从，因而废除。但到即位十七年时，又复行夷三族之罪，可谓靡不有初，鲜克有终。

四、"除宫刑，出美人"，是文帝重视祭祀、鼓励生育的两项措施。

"除宫刑"在缇萦救父一事里有提及，不再复述。"出美人"则是在文帝十二年，令孝惠帝后宫妃嫔全部回归民间，得以嫁人生子，传宗接代。汉初经历多年战乱，户口大减。农业帝国时代，人作为劳动力、战斗力、纳税者，数量直接影响国力。因此无论是高祖、孝惠、吕后，还是文帝，包括后来的景帝，都有意鼓励民间适龄男女早婚早育。这是古代中国，特别是非和平时期之常态。

五、"减嗜欲，不受献"，景帝把这两项归在一类，认为这是文帝个人美德修养的良好体现。

文帝即位二十三年，对于宫中原有的建筑、园囿、犬马、车服规模，几乎没有任何增加。曾经有想盖一座露台的想法，听说预算要一百万钱之后，立刻打消了这一念头，认为一百万钱相当于大汉十家中产的财富，非常浪费。他自己穿的，都是黑色的粗丝编织的，非常朴素。即使是宠幸的慎夫人，也以节省布料为要求，衣服不能长到拖在地上，所用的帷帐都不可以绣上花纹。

有人向孝文帝贡献千里马，孝文帝却说：天子出行，其他车马徐徐前进，我一个人骑着千里马，准备先跑去哪里呢？因此在元年，颁布了"却贡令"，不允许郡国进献奇珍异宝。

而最显文帝节约朴素风格的，自然是他临终前的遗诏。这一封遗诏，千古以来，令无数人真正击节赞叹，心悦诚服。一个人生前或许可以惺惺作态，但面对死亡和身后事，很难掩饰内心真实想法。

文帝遗诏大意如下：

朕知道天下万物，既然有生，就莫不有死。死亡是天地自然之常理，何必过于哀伤。

当今之世，讲究厚葬，甚至有到破费毁家的地步，朕觉得非常不可取。何况朕本就没有太多仁德，如今因为去世，就要天下百姓为我重服戴孝，减餐缩食，哀毁过甚，停止其他祭祀，这岂不是更加重了我的罪过吗？

天下百姓，为朕服丧三日即可。也不要禁止民间婚姻嫁娶、饮酒吃肉。其他丧事礼仪，一概从简。

埋葬朕的霸陵山川，不要改变其任何风貌，也不要起坟丘，一切如故。

这封遗诏，文字也朴素无奇，里面絮絮叨叨，交代了无数丧事的细节，但的确透露着深深的宽厚之情。明明说的是自己的死，却句句考虑的是活着的人的感受。因此，连以"异端"自居的明朝思想家李贽也评价这封遗诏道：

身崩而念在民，真仁人哉，真圣主哉。

不了解古代丧制的人可能不容易感受到其中的不易，因为凡是文帝在遗诏里特意禁止的，都是当时人视为平常的习俗。对抗习俗，并不如想象中那么轻易，特别是古代视为头等重要的生死大事。

霸陵，位于今天的白鹿原东北角。走在白鹿原上，可以看到汉朝其他帝后的一些坟丘，却很难看到文帝的霸陵在哪里。这在一定程度上，也降低了被盗墓的可能。

世界上有两种事比较难：一种是"能而不为"，富有天下，却不纵欲是也；一种是"不能为而敢为"，破除旧俗，大胆改革是也。文帝两种事都做得不少，从这个角度看来，他的一生所为，并不容易。

所以景帝在元年诏里，用一句话总结了父亲的功绩："此皆上古之所不及，而孝文皇帝亲行之"，这算是给父亲盖棺定论了。

由于景帝对文帝如此高度评价，群臣因此建议：后世天子应该世世代代祭祀高祖刘邦和文帝刘恒，以这二人作为祖宗。所谓"祖宗"：功至高者为祖，刘邦首建国，功宜称祖；德至盛者为宗，文帝荫众生，德宜称宗。这一对祖宗庙号的定义影响了后世历朝历代，因此几乎所有朝代的前二位君主都称太祖、太宗。

　　而原原本本把景帝这条诏令记录在《史记·孝文本纪》里的司马迁，自然也是十分认同这样的看法。到班固写《汉书》时，这条诏令一字不落也记了下来，但是放在了《景帝纪》中，从史书体系来讲，这才是正常的，毕竟是景帝即位后亲自下的诏书。但司马迁偏不，他硬要写在汉文帝的本纪最后。这种固执，更表明了司马迁本人对文帝的褒扬。

　　清朝学者李景星就发现了这个问题，说：太史公在其他皇帝的本纪中，大多数不记录诏令，唯独《史记·孝文本纪》记录得最为详细，大概是因为他人觉得文帝的诏令质朴温厚，有三代之遗风。

　　另一位清末学者齐树楷也说：《史记》里唯独文帝本纪，用"德"字最多，一共出现了四十三次。最后一次出现，是司马迁本人说的，"德至盛也"。

　　我们评价一个人，还是要全面一些。没有哪个人只有单纯向阳的一面，所有人无不是复杂灵魂的综合体。文帝的"仁德"，自然值得高度褒扬。可以说，他很大一部分时间里，都在追求一种高尚的超我价值。但为时势所逼，又或者当内心的不安、残忍以及求生欲望膨胀时，也会无法抗拒地露出嗜欲和暴力本能。

　　纵观文帝执政二十三年，前半程对于功臣集团和诸侯王的防备和打压，不可谓不刻薄不残忍。处心积虑遣列侯离开京城，又把列侯国从诸侯王国迁出，割断彼此联系。对诛吕和拥立文帝的周勃，文帝以公主和周勃儿子结亲笼络，在控制局势后则先打击免相、后下狱凌辱，彻底摧毁其自尊和信心。对朱虚侯刘章、东牟侯刘兴居，文帝有意违背当初的约定，惩罚二人政变初有拥立齐王之心，只以城阳、济北之地封以为王。刘兴居失望谋逆、兵败自尽，刘章则抑郁而终。不过历史在民间的走向往往出人意料，刘章死后，竟然在齐地民间成了一种信仰，直到东汉时期，老百姓仍十分迷信这位城阳景王。

如果说前者都算是诛吕之变的余波，对淮南王刘长的处置则最为人所诟病。袁盎直斥文帝有意纵容幼弟，养成其恶，再以此为理由将其处死，又担心担负"杀弟"之恶名。这不得不说，是文帝善恶面纠结矛盾的最直接体现。

文帝又有宠臣邓通，是其任情恣性的一面。

文帝曾梦见自己欲登天，却怎么也上不去，关键时候，有一位黄头郎在后面托举着他，推了一把，因此顺利登上九天。在梦中，文帝感激地回头看了一眼，发现这位黄头郎把衣带结在身后，于是对这个细节念念不忘。后文帝前往露台乐游，见有一位划船的黄头郎，如梦中一般打扮，心中一动，忍不住问其姓名。此人答曰姓邓名通。"邓"，读如"登"，又暗合登天、通天之意。文帝心中顿时喜悦至极，从此对他宠任无比。

邓通并无其他才能，但懂得媚文帝所好。文帝常常到其家中去和他厮混游戏。有一日，文帝令相士为邓通相面。相士老老实实道："看君的面相，将来会受穷饿死。"

文帝听了不免大笑："相士谬矣！邓通是穷是富，不是我说了算吗？"

其时文帝恰好在改革币制，令天下可以自行铸钱，于是赐给邓通蜀郡严道的铜山，邓通因此富甲天下，"邓氏钱"遍布全国。

《水浒传》中，王婆卖弄风情一章，曾对西门庆说，男人需要有"潘驴邓小闲"五个字，其中"邓"字，即指需要有邓通一般的财富。

文帝曾经身患毒疮，伤口流脓，邓通亲口为他吸吮。文帝见状闷闷不乐，若有所思，问道："天下什么人最爱我？"

邓通道："太子应该是最爱你的。"

不久太子刘启前来慰问，文帝也令他为自己吸疮。太子虽然照做了，但神色为难，略露出不情愿之态。后听说邓通的事情，既惭又恨，不免对邓通心怀芥蒂。后太子即位，以罪没收邓通全部家产，最后果然身无分文，流落人家而惨死。

以上事迹出自《史记·佞幸列传》，尽管细节像是景帝之后时人所编的好事者语，但文帝宠任邓通，应无可疑。

邓通另有一次在丞相申屠嘉上朝奏事时，站在文帝身边态度傲慢不恭，申屠嘉因此道："陛下宠爱幸臣，使他富贵，臣无话可说。但朝廷之礼，不可以不严肃。"

文帝颇有些尴尬道："丞相请勿多言，我会私下提醒他的。"

申屠嘉回到丞相府中，立即下檄书召邓通，称不来就要治罪斩首。

邓通吓得赶紧告诉文帝。文帝安慰他道："丞相叫你，你不可以不去。你先去着，我随后就叫人传旨召你回来。"

邓通战战兢兢来到丞相府，脱帽光脚，不停磕头求饶。

申屠嘉端坐府上，厉声责骂道："朝廷乃高皇帝之朝廷，你是什么东西，无礼嬉戏，大为不敬，于法当斩！"

邓通一听，急得磕头如捣蒜，磕出血来，申屠嘉也不为所动。

后文帝果然派人前来召唤，赔罪说邓通只不过是他的弄臣，才将其救下。邓通哭着对文帝说道："丞相差点就把臣给杀了。"

邓通既至，为上泣曰："丞相几杀臣！"——《汉书·张周赵任申屠传》

这则事充分可见文帝对邓通的亲密和爱幸。

文帝又有新垣平一事，略可指摘。

文帝有和古代众多帝王一样的问题，对鬼神、长寿之事不免抱有敬畏和异想。

赵人新垣平，应是魏国公室后裔，魏国都城在战国时迁至大梁后，建了新宫殿，住在新城墙附近的，便有以"新垣"为氏的。日本冲绳现有新垣姓，但据当代作家新垣平（笔名）考证，乃是福建林姓迁居以后所改，并非出自一源。

文帝时的这位新垣平自称能"望气"，说长安东北有五彩的神气。于是文帝听从建议，在渭阳建造五帝庙。新垣平又称宫阙之下有宝气，不久果然有人献玉杯，上刻"人主延寿"四个大字。总之是一个故弄玄虚、招摇撞骗的术士。

新垣平糊弄文帝不久，就被揭穿把戏，但文帝对他的处罚却超出想象。文帝前期一直致力减轻刑罚，但在此事上，却为新垣平一人，恢复了夷灭三族之刑。以文帝之宽厚能忍，竟如此震怒，不知是不是另有隐情在其中。可惜没有更多相关记载可以参考。

综上可见，文帝是个优缺点都很明显之人，而惟其如此，他才像一个真实的人。

第十六章　一场削吴引起的风波

那一年，不到三十岁的晁错被汉文帝选为太子家令，辅佐太子刘启。这对于一个有抱负的年轻人来说，是个祸福并存的机遇。

好处是，一朝天子一朝臣，只要能成为太子身边的红人，就几乎已经预定了下一届朝堂上的要位。

而坏处是，太子能不能顺利即位，一向都是个很大的问题。史上失去父皇宠爱的长子并不鲜见，在和其他皇子的权斗中失败被废的也常有；即便太子老老实实，一帆风顺，也有可能父皇身体健康，皇位一做就是数十年，只能眼巴巴看着，直到自己须发皆白。而太子身边的家臣自然也只能陪着一起苦等，看谁先熬死谁。

从这点来说，晁错的运气算是不错的。文帝只活到四十七岁，而且后宫生活比较简单，除了窦皇后所生的四男二女，别无其他子嗣。文帝即位后很快确立了太子刘启的地位，也无争立互斗。

晁错通过几次对策，在文帝面前脱颖而出。他的建议，对形势的分析极其精准，提出的措施也务实合理。然而一生谨慎的文帝只是选择性地采用了一部分。不采用的并非不能用，只是有意留待接班人来施行。

可想而知，文帝临终前能推荐周亚夫给太子刘启，让他紧急时托以重任，未必不会叮嘱太子也好好任用晁错，相时而动。

太子刘启即位，是为景帝，立刻提拔晁错为内史，相当于长安市的市长。所以晁错的上位，既出自景帝的信任，也可能包含着文帝的嘱托。

内史需要全面治理京城之政，或许景帝也希望通过这一任免，来看看晁错的实际能力。

当时，晁错经常私下求见景帝，呈上自己的改革措施。在文帝朝，晁错曾建议修改法律，文帝并没有采纳。此时，景帝给了他极大的便利，因此"法令多所更定"。

虽未明说，这实际上就是晁错主导、景帝默许下的一次变法。大凡变法，总要削减一部分保守派，或是既得利益者的权益。更何况，此时刚刚从文帝朝的谨慎环境中过来，思静者居多。因此，朝中几乎人人都不喜欢这位大张旗鼓、标新立异的天子宠臣。

丞相申屠嘉作为政府首脑、众望所归，决定亲自对晁错发起一击。

恰好他听说晁错为了从内史府出入方便，在南面凿墙新开了一扇门，而穿的这面恰是刘邦父亲的太上皇庙墙。申屠嘉本就耿直刚强，先前责罚文帝弄臣邓通时就可见一斑。他打算以这条罪状，上奏景帝治晁错死罪。

这个计划不慎走漏了风声，晁错得以预先到景帝处解释求情。第二日，申屠嘉上朝奏事，直言晁错穿凿祖宗庙，有大逆不道之行，依律当斩。

景帝早有准备，道："内史所穿的并非庙墙，而是庙外空地上的外墙，而且是朕吩咐其为此，内史无罪。"

申屠嘉回到家中，后悔没有先斩后奏，越想越气，竟发病不起，很快去世。

丞相一死，按照汉初惯例，由政府二把手御史大夫陶青顶替上位。景帝干脆直接把晁错提拔为御史大夫，几乎就等于向所有人宣告，他将是下一位丞相。晁错的地位和权势经此一击，反而愈盛，更无人敢挑战。

宠任无比的晁错，开始施展自己的抱负，为虚弱的帝国诊脉治病。

他所瞄准的第一个问题，仍然是诸侯王坐大，实力过强的弊端。

匈奴是外患，诸侯王则是内忧。

这个内忧，是高帝刘邦建国遗留下来的后遗症。高帝时期，全国五十七郡，诸侯王占四十二郡，汉朝廷只拥有十五郡。从位置上看，战国时秦函谷关外六国之地，几乎全分封给诸侯王了。看到这样的统计数据对比，才能理解为何吕后、文帝都在打诸侯王的主意，认为这是首要的问题。

文帝后期，逐渐开始使用贾谊建议的"众建诸侯而少其力"策略，当一名诸侯王死后，把他封国拆分，分封给王的所有儿子，以此瓦解了齐、淮南等国的实力。

景帝即位第二年，又割其他诸侯之地，大封自己的六名儿子为王。

至此，诸侯王格局已经从刘邦时期的十国，变成了二十二国。

这二十二国，又大约可以按亲疏关系，分为三类。

第一类最亲，是儿系国。也即景帝的儿子为王者，一共六个。

第二类较亲，是父系国。也即文帝子孙，一共只有两个，包括景帝的亲弟弟梁王刘武，景帝的亲侄子代王刘登。

第三类则最疏，是祖系的。也即刘邦、刘邦的兄弟们除文帝系的其他子孙，共计十四个。（见表）

实际上，最后"七国之乱"的参与者，均出自祖系，可见亲疏关系确实在诸侯王和汉朝廷之间起着重要的作用。

血脉	一代	二代	三代	四代	封国	结　局
景帝儿系	刘邦	文帝刘恒	景帝刘启	刘德	河间王	
				刘阏	临江王	
				刘余	淮阳王	
				刘非	汝南王	参与平乱
				刘彭祖	广川王	
				刘发	长沙王	
景帝父系	刘邦	刘恒	刘武		梁　王	强力抵抗叛军
			刘登		代　王	
景帝祖系	刘邦	刘肥	刘将闾		齐　王	参与预谋，倒戈城守
			刘辟光		济南王	七国之乱参与者
			刘志		济北王	参与预谋，未出兵
			刘卬		胶西王	七国之乱参与者
			刘贤		淄川王	七国之乱参与者
			刘雄渠		胶东王	七国之乱参与者
				刘喜	城阳王	助汉
		刘长	刘安		淮南王	参与预谋，倒戈城守
			刘赐		庐江王	拒绝参与
			刘勃		衡山王	拒绝参与
		刘友	刘遂		赵　王	七国之乱参与者
	兄：刘仲	刘濞			吴　王	七国之乱首谋
	弟：刘交		刘戊		楚　王	七国之乱参与者
	堂弟：刘泽	刘嘉			燕　王	参与预谋，未出兵

景帝时二十二诸侯国在"七国之乱"中的角色身份

　　晁错认为，仅仅"众建诸侯而少其力"是远远不够的，还应该用尽一切办法侵削他们的地位、权力和领土，恩威并施，加快收割。

比如胶西王刘卬因为查出在卖爵时有不法行为,被汉朝廷没收六县;赵王刘遂因事,被没收常山郡;楚王刘戊为薄太后守丧时有奸情,被没收东海郡。

特别是吴国,是晁错的主要攻击对象。在文帝时,他就多次上书建议削减吴国的封地,文帝迟迟不肯动手。

此时,晁错极力向景帝陈说削吴的紧迫性和必要性。他说:无论削不削,吴国是必反的了。趁其没有防备、没有计划时提早下手,当断则断,才能避免大祸临头。

今削之亦反,不削亦反。削之,其反亟,祸小;不削,反迟,祸大。——《资治通鉴·卷十六·汉纪八》

晁错言之凿凿,平时十分听信他的景帝却谨慎了起来。因为他和吴国之间,有一些特殊的纠葛,或者更确切地说,是吴国对他有一段宿仇。凡是涉及对待吴国的处置,他都不免要多思量几分。

这段宿仇发生在他年少尚任太子时期。有一年吴王太子入京朝见,得闲两人便一起饮酒下棋。两个少年都血气方刚,一言不合竟冲撞起来。景帝性情急躁,难忍气忿,举起棋局便向吴太子砸去,竟错手将其杀死。文帝见儿子闯祸,连忙把吴太子的尸体整理好,送回吴国安葬。

吴王刘濞乃是刘邦亲兄刘仲之子,见爱子好端端去京城,却没了命回来,心中恨得咬牙切齿,冷冷地回绝汉使道:"天下刘姓为同宗，既然死在长安，就葬在长安好了，何必要送回来。"坚持把吴太子尸体送回了长安。

从此，吴王刘濞和汉朝廷的关系逐渐恶化，长年借口年老体病，不再入朝。

因为有杀子之仇，使得景帝对吴国的处置特别犹豫。削之，则仇上加仇；不削，始终是心头大患。景帝思量之下，决定把晁错的建议交给朝臣们商议一番。

这次商议的范围很广，包括了公卿、列侯、宗室在内，估计参与之人不在少数，但除了景帝母亲窦太后的侄子窦婴外，没有人敢反对如日中天的晁错。

商议必然是在内部秘密展开的，只是由于参与之人结构过于复杂，难免会有人泄漏，从而引起大范围的震动。

晁错的父亲就从颍川（今河南禹州）匆匆赶到长安，激动地质问儿子："陛下刚刚即位，难得如此信任于你，令你主持政事。而你却只顾着侵削诸侯之地，离间骨肉之情。外面对你怨声载道，你可知晓？你究竟想要干什么呀！"

晁错见父亲并不理解自己，也执拗地答道："外人骂我就对了！不如此，天子之位不尊，刘氏宗庙不安！"

晁父老泪纵横，仰天唏嘘道："刘氏是安宁了，只怕晁氏将再无宁日！我且去了，公好自为之。"

晁父回到家，长叹道："我实在不忍见到大祸临头的一日。"遂服毒自尽。

十几日后，吴、楚等七国正式叛乱。

较为秘密的削吴之事能够传到晁父耳中，自然也能传到吴王刘濞之处。

晁错心心念念要针对吴国，是因为在景帝即位时，吴国已是天下实力最强的诸侯国。

高祖刘邦时，封给齐国七郡、淮南国四郡、楚国三郡，吴国是三郡，相对于齐国的七十余城，吴国只有五十余城，并不是威胁最大者。

因此到吕后、文帝时，都是以齐国为主要打击目标，不断尝试着拆分齐地。特别是文帝朝，连带着把弟弟刘长的淮南国也一并化整为零，齐国一分为七，淮南一分为三。这时，拥有三郡的吴、楚反而成了大国。

而相比楚国，吴国又有独特的优势。

刘濞自从被高帝刘邦封在吴地，已有四十余年，是统治诸侯王国时间最长的宗室。活得长有两大好处，一是王国不至于马上被拆分给子孙，二是国内统治的政策可以相对保持一个稳定性，有利于民力恢复和国力增长。大凡历史上在位时间长的地域领主，对应的国力一般都不会太差。

吴国地处东南沿海，又有矿山，天然拥有煮盐、冶铁的资源便利。这两项都是古代最容易累计财富的手段，特别是文帝放开铸钱权利之后，西有邓通钱、东有吴国钱，流行天下，吴国财政想不富裕都很难。

财政宽裕带来的民生便利就是，吴王大方地免去了百姓的人头税。汉初，成年人每年要缴纳一百二十钱的人头税钱，七岁至十四岁的未成年人缴纳二十钱。到汉武帝时因为战争导致国库空虚，成年人再加三文，未成年人下限则降至三岁。不要小瞧这区区一百多文钱，汉朝家资在十万钱，便算中产，对于普通农民来说，每年能有盈余便已是佼佼者，因此武帝加了人头税后，"故民重困，至于生子辄杀。"

故此，刘濞不收人头税，必然极大受普通吴民拥护。

不仅如此，吴王刘濞还收容天下亡命之徒，在其他地方犯有过错，或流离失所，只要你来，吴国就给予你工作和活下去的机会。即使其他诸侯王国想过来引渡罪人，吴国也坚决不接受。

另外，吴王还允许国民可以通过交钱的方式，来合法逃避服役。这笔钱，由政府雇佣穷人去完成劳动。这样，富者得自由，贫者得佣钱，政府工程又不耽误，各得其便。

如前所说，在农业帝国里，人口数量和生产力是直接相关的。刘濞的这些措施，为吴国凝聚了大量的人口和统一的民心，实力在诸侯王国中逐渐首屈一指，也因此成为了汉朝廷最大的眼中钉。

要削吴，自然要有理由，就像之前削赵、楚、胶西等国一样，必须找他们的茬儿。

吴王的问题是很容易找的，比如收容各国逃犯、多年没有按规定向中央朝请，等等。其实每个诸侯王在自己国内，总归是放任恣肆的，谁能保证处处循规蹈矩呢。更何况真要治你罪，何患无辞？

不过晁错找到了一个更感兴趣的理由：他的死对头袁盎，恰好担任吴国相国。

袁盎和晁错为何交恶，史书没有明载。只是说两人已经到了水火不容的地步：凡是有晁错的场合，袁盎扭头就走；凡是袁盎在的地方，晁错也绝不多留片刻。两人从来没有同堂而语的时候。

盎素不好晁错，错所居坐，盎辄避；盎所居坐，错亦避，两人未尝同堂语。——《汉书·袁盎晁错传》

有一个值得注意的细节是，欲攻击晁错不成，反被气死的丞相申屠嘉，恰与袁盎关系不错，不知当初申屠嘉攻击晁错的计谋，有没有袁盎的份。

新仇旧恨一起算，晁错便以"在吴国相国任上接受吴王贿赂互相勾结"为由，上奏景帝，将袁盎贬为庶人。

既惩罚了死对头，又能治吴王的罪，一箭双雕，晁错心里看到了成功的希望。

消息传到吴国，吴王刘濞心里像吊了十五个水桶，七上八下，忐忑不安。

若说其早有反意，个人觉得不太现实。其在吴国统治四十余年，如今已垂垂老矣，过几年驾鹤西游，便可安然享受世代子孙祭祀。假如朝廷对其一直处于宽容状态，他有什么理由以花甲之年，放着富甲一方的安稳日子不过，而去冒险呢。

从这个角度上来说，削吴的计策的确有些急功近利。才三十出头的景帝完全可以等若干年，等刘濞死后，再拆分吴国，不必急在一时。

明人张燧就认为，这是晁错急于立功，强行为之。

现在对于吴王来说，却一下子被逼到了生死抉择的路口。默默接受，不知朝廷将要削多少郡才满足，万一不止于削郡，甚至要降爵怎么办？他不能眼睁睁看着晚年幸福的权利被剥夺。更何况，景帝与自己还有杀子之仇。这般逼我到绝路，未免欺人太甚。而假如不接受，则意味着要以死和朝廷一搏，虽然吴国实力雄厚，但毕竟有莫大的风险和不测。结果如何，难以预料。

是选择屈辱还是冒险，吴王刘濞心里暗暗计算。

第十七章　七国之乱

深思熟虑、打定起兵造反主意之后，吴王刘濞派中大夫应高立即前往胶西国，游说胶西王刘卬。

即使富强如吴，单靠一个诸侯国的力量，是难以和现在的汉朝廷抗衡的。更何况，周边的诸侯王国意图未明，到时自己贸然发兵，可能走不了多远，连汉兵的面都见不到，就被诸侯王们给收拾了。

所以，要极力争取同盟，发动他们一起加入叛乱集团。

首选胶西王刘卬的原因是，他本身的性格英勇好战，加上之前刚刚因为卖爵的事情被削去六县，正在抱怨的情绪头上，最容易被说服。

应高见到胶西王，道："如今，皇上任用佞臣，听信谗言，不断侵削诸侯之地，日以继夜，变本加厉。鄙国吴王，身患重疾，二十多年不能入朝，常常担心被朝廷责罚，日夜忧虑，寝食不安。现在听说大王也因为一点小事就被削地，臣担心朝廷往后，就不仅仅是削地这么简单了。"

胶西王一听，深有同感，叹道："的确如此啊，先生有什么好办法吗？"

应高顺势道："吴王和大王心同此忧，因此愿意顺应天道，不顾衰老，起兵为天下除患，不知大王可也有此意？"

胶西王骇得张口结舌："这是什么话！主上即使再严厉，为臣子的只有死忠的份儿，焉能背叛？"

应高见胶西王如此反应，话锋一转道："御史大夫晁错，蛊惑天子，迫害诸侯，天下无不有背叛之意。何况近来彗星经天，蝗虫四起，黎民愁苦，嗷嗷待救，这正是圣人顺势而起的百年难遇之良机。吴王愿举诛晁错之义旗，和大王一起拯救天下苍生。现在就等大王一句承诺，只要大王点头，吴王立刻率吴楚两国先攻取函谷关，然后坐守荥阳、敖仓之粮，西拒汉兵。大王率大军随后而至，则天下可定，到时吴王和大王分而治之，岂不是一桩美事？"

胶西王本就对景帝抱有不满，之前的话，不过是不知应高实情，未敢轻易表露心声。见吴王果有起兵之意，当下就点头应允。

吴王听应高回报，仍觉不妥，又亲自到胶西，和刘卬细细商定计划详情。

胶西群臣听说要起兵叛汉，纷纷劝谏："诸侯之地，和汉朝廷相比，不到十分之二，实力悬殊。何况以死冒险，让王太后担忧，也非为子之道。如今侍奉一个天子，已经不易。假如真如吴王计划，大王和他分天下而治，两主纷争，只怕更是永无宁日，后患无穷。"

胶西王年少好战，此时已做起了当天子的美梦，哪里还听得进反对意见，不顾劝阻，派出使者前往齐国、淄川国、胶东国、济南国游说。这些诸侯国王和胶西王都是亲兄弟，当即全部应允下来，答应届时共同起兵。

吴王刘濞又说服同被削地的楚王刘戊、赵王刘遂，只等时机一到，东南北三面，对汉朝廷发起三路攻势，令其手忙脚乱，无从招架。

双方剑拔弩张，一触即发，只等那根导火索被点燃。

景帝三年正月，一封削去会稽、豫章两郡的诏书发至吴国，相当于削去了一半的面积。

吴王大怒，当然也早就预料到这一结果，当即动员全国士兵，动员令称："寡人今以六十二岁之躯，亲自领兵。幼子虽年方十四，也必须身先士卒，不落人后。吴国百姓年龄上和寡人相同、下和寡人幼子相同者，当一齐为国效力！"

　　寡人年六十二，身自将。少子年十四，亦为士卒先。诸年上与寡人同，下与少子等，皆发！——《汉书·荆燕吴传》

　　吴国征集了二十万人的庞大军队，度过淮水，和楚国合军。又出使南方的闽、东越等族，希望他们紧随其后，作为支援。

　　同时，吴王刘濞发使前往各个约定的诸侯国，送上书信，督促起兵。

　　信中，吴王为了给诸侯王们鼓劲加油、坚定信心，十分张扬地夸耀了自己的兵力和财富，称可具精兵五十万，又可从南越国借兵三十万；又称自己在全天下处处都有财富，保管大家用都用不完，有需要的可以随时奉送；又以盟主自居，承诺斩捕大将者，赏赐五千斤铜，封万户侯，其他依次递减。

　　寡人金钱在天下者往往而有，非必取于吴，诸王日夜用之不能尽。有当赐者告寡人，寡人且往遗之。——《汉书·荆燕吴传》

　　即使有夸张的口气，也足见吴国的富饶确实领先各国。

　　首当吴楚联军其冲的，是梁国。梁王刘武是景帝的亲弟弟。首战不利，被叛军杀数万人。再战，又败两军。

　　梁王大恐，决意城守，遣使请景帝派兵救援。

南方战场陷入吴楚联军围攻，梁王刘武坚守的局势。

东方战场则发生了一点点小意外，齐地除城阳国外，其余六国诸王本来都是亲兄弟，答应一起起兵。但济北王突然被郎中令劫持，不准其发兵。而齐王则临阵反悔，决定自守。剩余的胶西、胶东、济南、淄川四国感觉遭到背叛，怒而围攻齐国的首都临淄。

东方瞬间变成了窝里斗。

再看北方的赵国，赵王倒是发兵了，驻扎在国境的最西面，打算等吴楚的消息一起进击。他没有立刻发起攻势的另一重要原因，是正在出使匈奴，希望借助匈奴的力量取得更大优势。

因此，北方暂时是一个静观其变的局面。

东南北三面，并没有像吴王刘濞预想的那样，势如破竹，移檄而定。

看上去唯一比较有希望的，就是南方的吴楚联军。只要保持强大的围攻之势，梁国早晚是囊中之物。而梁国一下，长安就唾手可得。

此时的长安城里，景帝不免有些慌乱。

吴国反，他是有预料的。但他想不到竟一下子反了七国，三面受敌。

各方都在告急，遣使来求朝廷发兵支援。于是景帝选择了两名老成持重的高帝时的将军，郦寄前往北方战场平定赵国，栾布前往东方战场平定齐地，又任外戚窦婴为大将军，驻扎在荥阳同时监视齐赵两地的战况。

这两地的形势其实还在掌握，真正的难题是吴楚联军，这一路兵力攻势凶猛，实力强劲，是乱军的主力。

该派谁去解南方之困呢？

恍惚间，景帝想起了父亲临终前的嘱托："即有缓急，周亚夫真可任将兵。"

对了，就是他。

父亲谆谆之言应该不会有错，此刻正是需要用到他的缓急时刻。

景帝立刻拜周亚夫为太尉，这是掌管全国兵力的最高军事长官，又委派给他三十六位将军，迅速向围攻梁国的吴楚联军进发。

各路军队都已上路，而景帝仍然觉得不太安心。

倒是晁错一开始觉得有点沾沾自喜，因为又找到了攻击死对头袁盎的理由。他说："袁盎当初接受贿赂，故意为吴王掩饰，如今吴王果然造反，袁盎一定知道他的计划，应当仔细盘问他。"

朝中大臣都不置可否，认为吴王都已经出兵了，还盘问什么计划不计划的呢，同时有人悄悄地走漏了风声给袁盎。

袁盎既恨又怕，委托大将军窦婴向景帝致意，称可以解释吴王为什么起兵谋反，并找到解决的办法。

景帝此时，只嫌建议太少，立刻召见袁盎。

袁盎觐见景帝时，晁错恰好也正在场商议军事。

晁错坚持让景帝亲征，景帝忍不住问："那你呢？"

晁错道："臣为陛下守卫长安。"

景帝一时怀疑自己是不是听错了，瞪大眼睛看了他好久。是你的削吴建议给我惹出这么大麻烦，现在还让我上前线拼命，你自己在后方安稳过日子？

晁错又建议，把临淮郡的徐、僮两县送给吴王，或许可以让吴国停止攻势。

景帝再次感到震惊。是你说要削地，现在看叛军势头猛，又要倒贴送地？

见袁盎进来，景帝转头问道："公怎么看吴楚之反？"

袁盎从容道："依臣看，不足为患。"

景帝愠道:"吴王富甲天下,招诱豪杰,以这个年纪起兵造反,一定是计划周详才行事的。怎么可以说不足为患呢?"

袁盎道:"吴国假如真的招揽的是豪杰,一定会好好辅助吴王劝其不要反。正是因为他招揽的不是豪杰,只是无赖,才行谋逆之事。一群无赖而已,有什么好怕的呢。"

晁错听了,也点点头道:"他说的有道理。"

"盎策之善。"——《资治通鉴·卷十六·汉纪八》

这句话从晁错嘴里说出来,太不容易了。也充分说明晁错面对"七国之乱",心里其实也已慌乱,他只是想好了削藩的策略,却没有计划好应变之谋。

景帝没有搭理晁错,继续问袁盎道:"那公有何妙计?"

袁盎卖了个关子道:"请陛下遣退左右。"

景帝略一示意,身边左右侍从识趣地退下了,只有晁错还愣愣地坐在那里。

袁盎见状又道:"臣接下来所说的话,人臣不宜听。"

晁错这才起身出门,脸色又惭又恨。

景帝道:"公现在可放心说了。"

　　袁盎不紧不慢道："陛下，吴楚等诸侯国互相致意，称各国封疆，都是高皇帝所分封，如今贼臣晁错擅自谪罚诸侯，削夺土地，因此才斗胆起兵。吴王等人意图，并非谋逆，只是希望陛下能诛杀贼臣晁错，以谢天下，然后把削夺的土地还给诸侯，自然就罢兵而去了。"

　　景帝听完，沉默了很久，大约是在计算得失。

　　许久，他才恍然若失道："假如真的如此，我也不会顾惜一人而辜负天下。"

　　袁盎担心景帝心中仍有犹豫，又道："臣的计策便是如此，请陛下仔细考虑。"

　　这一对人，你找机会杀我，我找机会杀你，果然是天生的一对冤家。

　　十几日后，在景帝授意下，丞相、中尉、廷尉共同上书弹劾晁错，称其大逆无道，罪当腰斩，夷灭三族。

　　景帝批示：同意。

　　紧接着，中尉传景帝旨意，称景帝让晁错巡视东市。晁错认认真真穿好朝衣，上得车，往东市而去。到得市中，被不明就里地按住，当场处死。

　　上令丞相青、中尉嘉、廷尉欧劾奏错："不称主上德信，欲疏群臣、百姓，又欲以城邑予吴，无臣子礼，大逆无道。错当要斩，父母、妻子、同产无少长皆弃市。"制曰："可。"错殊不知。壬子，上使中尉召错，绐载行市，错衣朝服斩东市。——《资治通鉴·卷十六·汉纪八》

这段原文，读来颇令人感慨。特别是"上令"、"上使"等，都体现出密谋杀晁错，皆出自景帝本意。这一对曾经信任无比的师徒、宠爱有加的君臣，终于在大难临头之时，走向了决裂。而尤其无情的，是那一个"可"字。一个字便能剥夺所有恩情、一切功劳和全族性命，简短残酷，莫过于此。

晁错死后，恰好谒者仆射邓公从前线回来。景帝因此向他打听，吴楚有没有因此罢兵。

邓公如实道："吴王计划谋逆数十年，如今起兵，只是把诛杀晁错当做借口而已，怎会轻易放弃？然而臣担心的还不止于此。"

景帝问道："为何？"

邓公道："晁错担心诸侯王日益强大，将来不可限制。因此为陛下出谋划策，削夺诸侯之地以尊汉，这是利及子孙的功德。然而计划才开始，就惨遭大刑。臣担心外增诸侯取笑之柄，内绝忠臣进言之口。窃为陛下感到可惜。"

景帝听完喟然长叹道："公所言极是，朕也感到非常遗憾！"

与此同时，受景帝之托，袁盎出使前线，将晁错已死的消息带给吴王，想要传达景帝命令吴楚罢兵的诏令。

吴王明知袁盎此行目的，哈哈大笑道："天子是西帝，我已为东帝，为何要接受他的诏令！"坚决不见袁盎。

我们不能简单地认为，景帝干了一件愚昧的事，杀完晁错完全没有起到令吴楚罢兵的效果。

杀晁错，景帝心中应有其他计算。

仔细分析一下，会发现，七国之乱的情形，和二十多年前的诸吕之乱简直如出一辙。

诛吕之乱时，以齐王起兵要清君侧为第一步，以灌婴拥兵在前线静观其变为第二步，以朝臣在后方诛杀吕氏为第三步，以迎立代王、杀少帝为第四步。

而如今，吴王起兵声称要诛晁错为第一步，以栾布、郦寄、周亚夫、窦婴等进发前线为第二步，虽然几位将领目前没有说拥兵自重的意思，但难保不会朝着诛吕的方向转化。因为其中有一个很关键的问题，就是晁错和朝中大臣的关系，几乎全部是交恶的。寻诸史册，找不到一个他的盟友。而他的对头袁盎则和窦婴、申屠嘉等交善。这大概是晁错之前不断更改法令，旨在巩固皇权，削弱诸侯王和列侯的权力而导致的。因此，如果景帝在战乱时，仍然坚持像过去那样只依赖晁错一人，势必会失去朝臣们的支持，逐渐激化他们和诸侯王结成一派，那么诛吕的第三步、第四步就极有可能昨日重现。

实际上，景帝以外戚窦婴在荥阳监督三面王师的郦寄、栾布、周亚夫，未尝不是一种防范。

因为是窦太后侄子的血缘关系，窦婴成了此时景帝唯一可以真正信赖掌兵的人，但可惜的是，窦婴和晁错的关系也是非常糟糕的。当初，晁错提出削吴方案，公然反对的只有窦婴。

景帝再糊涂，大约也不会轻易相信吴王等人造反的目标真是晁错。杀晁错，其实是景帝向窦婴、向朝臣们的一次妥协，一次表态。至于能不能真的让吴楚联军罢兵，姑且顺带着一试而已。

但无论是杀给朝臣看，还是杀给诸侯王看，晁错都不可避免要成为那一个政治斗争的牺牲品。

第十八章　两个暂时的继承人

　　周亚夫临危受命，率军南征。出发前，特意请示了景帝一件事。他说，楚兵剽悍劲猛，和他们正面交锋很难取胜，因此他想避开吴楚联军主力，断绝他们粮道，以此来制敌。

　　按照周亚夫在文帝晚年驻扎细柳时的风格，他完全可以自行军中主张，何以这一件事非要事先请示景帝呢？

　　这是因为如果不正面挑战吴楚联军，等于弃被围困的梁国而不顾。梁王刘武可是景帝的亲弟弟，更重要的是深受窦太后的喜爱。一旦梁王有所闪失，周亚夫也自知担不起责任，所以必须得到景帝的亲口许诺。

　　在景帝批准后，周亚夫这才启程，全军向荥阳（今河南郑州西）进发。到达荥阳后，又引兵往昌邑（今山东巨野县附近），驻扎在吴楚联军的东北方向，但坚壁不战，而另派弓高侯韩颓当率领一支轻骑兵，从泗水和淮水交汇口渡过，迂回到联军身后，抢占粮道，断绝吴楚后方往前线馈粮。

吴王见状，连忙下令加急攻打梁国。必须抢时间入城，否则就将面临弹尽粮绝的处境。

梁王听说周亚夫率汉军前来，仿佛看到了一线曙光，连连派使者前去求救，使者一波接一波折返，却始终不见援军前来助阵。梁王大怒，又派人向景帝处状告周亚夫拥兵自重、见死不救。景帝本应允了周亚夫，至此也不得不重新遣使催促他救梁。周亚夫却绝不听诏，仍然坚守不出。因为在他成功掐死吴楚联军的粮道之后，局面早已在他掌握之中。

很快，吴楚联军就陷入了绝食的慌乱。梁王趁机派大将韩安国、张羽等出战，夺回了战场上的主动权。吴王进无可进，退无可退，只好引兵转头去攻周亚夫。

吴兵疯一般地攻向汉营东南角，周亚夫略作观察，下令重兵把守西北角。不一会儿，吴兵主力果然涌向了西北。一番乱攻，汉营纹丝不动。

联军饿死、叛逃者无数，溃不成军，只好且战且退。周亚夫见时机已到，率精兵出击，大破吴楚联军。吴王刘濞率领数千人脱离大部队，落荒而逃。楚王刘戊见败势无可挽回，无奈自尽。

吴王带领残兵败将，渡过淮水，准备投奔东越。东越王假意迎接，将其杀死，向汉朝贡献首级示好。

最有希望的南面战场，也是"七国之乱"的主力，仅仅维持了三个月，就以失败告终。

把目光转向亲兄弟窝里斗，乱成一团的东面战场。

胶西、胶东、淄川、济南四国围攻临时后悔的齐国，齐王派一名姓路的中大夫向景帝报信。景帝令路中大夫回去，告诉齐王汉兵已经击破吴楚，务必要坚守住。路中大夫返回途中，四国大军已将临淄城重重包围，不慎被拿下。四国逼其到城下大喊"汉军已破，速速投降，否则城下之日，必将屠城"。路中大夫佯装同意，等走近城，望见城头的齐王时，高声道："大汉已发兵百万，使周亚夫太尉击破吴楚两国，正引兵来救齐。"言未毕，被杀死在城下。

其时，齐王因几国围逼，已有意商议投降，只是主意未定。因路中大夫一言，随即决定坚守。此时，栾布大军也已赶来，迅速击破四国军队，听说齐国本来也参与预谋，又欲移兵攻齐，齐王忧惧万分，饮药自尽。

四国兵败，各自逃回国中，纷纷畏罪自杀。

北面战场的郦寄将军攻赵王于邯郸城，整整七月未下。匈奴听说吴楚联军已败，不肯轻易犯险入边。栾布平齐后，移兵北上，引河水灌城，赵王也自戕而死。

至此，几乎席卷整个关东地区的"七国之乱"，经历半年多的时间，全部平定下来。

仔细考察七国之乱的失败，原因自然很多。计划过于仓促是其中之一。

景帝二年的六月，丞相申屠嘉死，八月，才以晁错为御史大夫。

二年八月……丁巳，以内史晁错为御史大夫。——《资治通鉴·卷十五·汉纪七》

到景帝三年的十月（十月为汉初岁首，诸王惯例入京朝请），削楚王东海郡，可见这时还没轮到惩罚吴王。

三年冬，楚王来朝，错因言楚王戊往年为薄太后服，私奸服舍，请诛之。诏赦，削东海郡。——《汉书·袁盎晁错传》

景帝三年一月，"七国之乱"起。可见从晁错建议削吴，再到公卿、列侯等商议此事，再到晁错公开治袁盎受吴王贿赂，再到吴王正式出兵，这一系列事情，满打满算也就四个月不到的时间。这四个月的时间里，吴王派出了前往齐、楚、淮南等各国的使者进行游说，最远的一直到北境的燕国，来回又不少路程。吴王还亲自前往胶西国沟通。如此大费周章，建立遍布全国的同盟，很难在短时间内制定好周全的计划。

也正因如此，真正到出兵时，燕国、齐国、济北国、淮南国都反悔了，即使是真正出兵的几国，行动节奏也不完全一致，各行己事，没有统一部署，导致被各个击破。

对于汉帝国来说，这一场叛乱虽然也来得突然，来得猛烈，却总算是顺利地挨了过去。诸侯王实力过强的问题，不是景帝朝才有，而是高帝刘邦遗留下来的历史问题。经贾谊的建议，文帝的实施，局部已经解决。从理论上说，它就像一个烂疮，慢慢地施以药物，静静地予以调养，未必不能见效，这是谨慎的文帝选择的方式。而景帝和晁错则选择了下一剂猛药，宁愿自己承受巨大风险和痛苦，也要短期内将病灶彻底根治。

这当然是一种冒险式的生死考验。好在，景帝赢了。经此一役，实力强大的几个诸侯王国都经历重创，没有能力阻止景帝之后的一步步制裁。景帝得以顺利实施进一步加强中央集权的各项措施。

从诸侯王的封国和领地来看，景帝继续以削地、改封、除国等手段，缩小诸侯国统治的面积。据唐功赞先生的《吴楚七国之乱与西汉诸侯王国》中统计，至景帝后三年，也就是即位后的第十六年，诸侯王国从刘邦时期的十个变成了二十四个，但是占有的郡从四十二个变成了二十六个，除江都、齐国各有两郡以外，其余王国皆只有一郡，再也没有刘邦时期那种领有七郡、四郡、三郡的大国了。而中央统辖的郡却从十五个，变成了四十四个，实力对比彻底扭转。

其次，景帝把国家边境原来属于诸侯王国的郡，全部收归中央，使得北方的诸侯国，不得与匈奴联通，南边的诸侯国，不得与东越、南越等来往。这应该也是吸取了"七国之乱"中，赵国曾尝试联合匈奴，吴国曾尝试联合东越的教训。

> 是以燕、代无北边郡，吴、淮南、长沙无南边郡。——《史记·汉兴以来诸侯王年表》

从诸侯王的权利来看，景帝进行了大幅度的改制。比如，起初诸侯王国各级官员的名称，许多都与中央一致，现在要么改名，要么去掉这一官职，为的是从礼制上体现出与汉朝廷的尊卑之分。再如，令诸侯王不得再参与政事，全部交由内史一职来主政，内史之于诸侯国，就相当于太守之于一郡。同时，诸侯国四百石以上官员，全部由中央任命，防止诸侯王身边笼络一批占据要位的大臣。

在这样的改制下，诸侯王名义上是一国之主，实际上已沦为地方财政供养的无实权贵族而已。

尽管到景帝儿子汉武帝时期，仍然通过推恩令等办法继续削弱诸侯国，但不得不说，诸侯王坐大的问题在景帝朝，已经从根子上彻底解决。这也给汉武帝得以专心对付匈奴外患、极力向四方扩张，创造了稳定的内部环境。

七国有七国失败的原因，汉朝廷则有汉朝廷成功的理由。

周亚夫坚决不执行救梁国的策略，而是以奇兵绝粮道，这是很重要的因素。窦婴在荥阳监天下兵是另一个因素。但所有这一切，功劳都比不过梁王刘武在正面战场三个月的顽强抵抗。

吴楚以梁为限，不敢过而西……吴楚破，而梁所破杀虏略与汉中分。——《史记·梁孝王世家》

梁国以劣势、守势，所杀的敌人，竟然和周亚夫在胜势下几乎相等，可见经历了多少次九死一生的浴血奋战。

"不敢过而西"，则说明了梁国地理位置的重要性，它就像是长安城的一道天然屏障，阻挡在敌人面前。

梁国本来是一个面积很小，实力很弱的国家，对长安根本起不到任何保护作用，毕竟在和平时期，谁都不会想到要用梁国来保卫京城这一点吧。

不，还是有人能想到的。

十多年前，有个年轻人想到了。他向当时的天子文帝建议，应该把你最信任的子孙放到梁国来，然后扩大梁国的面积，这样一个梁国就可以抵挡吴、赵。相信我，准没错。

这个年轻人，叫做贾谊。

愿举淮南地以益淮阳，而为梁王立后，割淮阳北边二三列城与东郡以益梁；不可者，可徙代王而都睢阳……则大诸侯之有异

心者，破胆而不敢谋。梁，足以捍齐、赵，淮阳足以禁吴、楚，
陛下高枕，终亡山东之忧矣。"——《汉书·贾谊传》

幸运的是，文帝真的照做了，把儿子刘武迁徙到了梁国，以
睢阳为都，并为他增加封地、扩大梁国。

问题是，那怎么保证梁王刘武就一定会尽心竭力为汉朝廷效
力，而不是迫于兵威，和其他诸侯王勾结呢？难道仅仅靠他和景
帝的亲兄弟之情吗？

让我们把时光往前推一推，推到"七国之乱"前的两个多月
前，也就是景帝三年的冬天十月。

按照规矩，这个月是新年伊始，诸侯王都要入京朝拜，除了
自称身体不便像吴王那样的。

梁王刘武开开心心来到京城，拜见了哥哥天子景帝，又拜见
了自己的母亲窦太后。

窦太后尤其疼爱这个儿子，看到他来，眉开眼笑，合不拢嘴。

景帝心情看上去也非常好，设私宴和母亲、兄弟团聚欢饮，
一家人和乐融融，好不开心。

不知道景帝是喝多了还是其他什么原因，越来越开怀，话也
渐渐多起来，他拉着梁王说道："等我千秋万岁之后，就把这皇
位传于王弟。"

梁王一听，心里一颤，连忙道："陛下喝多了，臣弟岂敢！"

梁王不知景帝是不是真心实意如此说，但心里就是特别受用，尤其是他转头看母亲窦太后，也露出欣慰的神情，似乎也十分赞同景帝这个建议。

只有窦婴趁敬酒，向景帝说："天下是高皇帝所定的天下，父子相传的规矩，世代遵守，陛下怎么可以传给梁王呢？"

窦太后十分生气，认为窦婴离间兄弟之情，甚至因此开除了窦婴出入宫殿的资格。

窦婴这番话说道理，也有道理，毕竟父子相传是默认的继位模式。但说没道理，也对，毕竟文帝就是实际上孝惠帝之后的兄终弟及（前后少帝被认为非孝惠子排除在正统之外）。

更何况此时景帝确实还没有立太子，因此梁王越想越兴奋，尤其是看到窦太后的态度之后。

如此，就能理解梁王坚守的意义了。

他为景帝坚守，某种程度上是为自己的江山坚守。

亲情，加上对皇位的期待，成为了平定"七国之乱"的一条潜在因素。

那么，景帝会不会是有意在私宴上说出那句话，以巩固梁王自愿为汉朝廷作屏障之心呢？

史书没有明说，但从前后事迹来看，极有可能。

如前所说，三年十月，景帝削楚，并谋划削吴，同在这个月，暗示自己会传位梁王。虽然景帝并不能预料诸侯王会不会反，谁将反，但梁国地理位置的重要性决定了，必须要依赖梁王以防万一。

如果时间还只是巧合，那么在平定"七国之乱"后景帝的一个操作，则非常可以说明问题了。

四年夏，四月，乙巳，立子荣为皇太子。——《资治通鉴·卷十六·汉纪八》

也就是说，在梁王立完平叛首功的半年之后，景帝迫不及待地立了儿子刘荣为太子。这还是在窦太后明确支持梁王的情况下。

立刘荣为太子，从种种迹象看，都是临时之举，意在告诉天下，皇位继承人已经确定了，可以暂时消除很多像梁王这样觊觎皇位者的念头。

为什么说是临时之举呢？这是因为景帝一即位，就确立了皇后薄氏。按照道理，太子应从皇后的儿子中选。偏偏薄氏无宠也无子。既然如此，立刘荣也不是问题，但母凭子贵，立刘荣之后，就应该很快册封刘荣之母栗姬为皇后，但景帝又迟迟拖着不肯。这充分说明，景帝并不十分中意刘荣，之所以快速地立他，只是平定纷争的一种权宜之计。

梁王和太子刘荣，都被景帝无奈地暂时放在了继承人之位上，而这个位置，终究不会真正属于他们。

就在立太子的同一个月，另一名年幼的皇子被封为了胶东王，如果命运没有任何波澜的话，很有可能他就要在遥远的东海边做一辈子衣食无忧、平平淡淡的诸侯王了。

他的名字叫做刘彻。

第十九章　梁国的陨落

新封的胶东王刘彻，他的外婆名叫臧儿。不是别人，正是汉初刘邦分封的燕王臧荼的孙女。

臧儿先嫁王姓人家，生王信和两名女儿，又嫁长陵田氏（长陵为高祖刘邦陵邑，长陵田氏为汉初从齐国迁徙过来的齐王宗室），生两子田蚡、田胜。

臧儿先把长女王氏嫁给金王孙家。后有卜者占卜说，她的这两名女儿都将富贵，臧儿便硬从金家把长女要了回来，托关系送给当时尚为太子的景帝，因此生下刘彻。

据说王氏怀有刘彻时，曾梦见一轮红日钻入自己腹中。这种常见的帝王出生异象，当然不足为信。

假如刘彻一辈子都当胶东王，王氏则至少也能当个王太后。

但王氏的愿望并不止于此。她要找个机会，把儿子、把自己送上帝国更高的位置上俯视众生。

从这一点上看，她和母亲臧儿，还真是同样有不断趋利、不甘人后的的性格。

王氏盯上了景帝的姐姐，长公主刘嫖。此时，窦太后一共就剩三名子女：长公主刘嫖、景帝刘启、梁王刘武。对于这名女儿，喜爱之情不是任何人能比的，几乎是言听计从，百般宠爱。这从窦太后临终前,遗诏是把所有私产全部留给长公主就可以看得出来。

长公主也有女儿，待到成人时，想为她择一佳婿，第一选择当然是现任太子刘荣。然而太子母栗姬却是个气量极其狭隘之人，当时景帝身边的其他妃子、美人都巴结长公主，以此得到景帝的爱幸，栗姬因此对长公主非常不满，断然拒绝了迎她女儿为太子妃的提议。

既然嫁太子不得，退而求其次只能嫁诸侯王，长公主看中了胶东王刘彻。王氏一口应允下来，因此和长公主成了儿女亲家，渐渐熟络起来。

关于这段婚姻，还有个野史故事。长公主嫁于堂邑侯陈午，是当初秦末起义，东海郡东阳县少年们想拥立为王的陈婴的之孙。野史称他们的女儿小名阿娇，自幼就和胶东王刘彻青梅竹马，刘彻甚至说："若得阿娇作妇，当作金屋贮之也。"这就是

"金屋藏娇"的出处。这段故事不见于正史,见于东汉以后人编辑的野史小说《汉武故事》,因此不能当真。

长公主没能把女儿嫁给太子刘荣,这不要紧。凭她和亲家母王夫人的能力,完全可以把胶东王刘彻运作为新的太子。

这可能性的大小不仅取决于长公主和王夫人两人,还取决于栗姬本人。

景帝之所以已立刘荣为太子,却迟迟不肯立栗姬为后,和栗姬的性格有很大关系。他也并非没有给她机会。

有一回景帝患病,身体虚弱,心情烦躁,不仅升起身后事的挂念,忍不住对栗姬道:"待我百岁之后,其他诸子,你要好生善待。"栗姬却一脸愤懑,非但不答应,还出言怼了景帝几句。其气量狭小和不识大体,此时尤其可见。景帝心中已经非常不满,只是暂时隐忍不发。

能不能善待其他儿子,栗姬没有意识到,这是一个原则性的大问题,特别是吕后前车之鉴还历历在目。景帝当然不想将来的皇后毫无包容之心,在皇室内部大行屠戮,自相残杀,削弱自己的血脉。

有这样的前提在,长公主和王夫人行事就更为方便了。

先是长公主不停在景帝耳边说,栗姬妒忌其他后妃,使巫者对她们行诅咒。景帝本就知道栗姬善妒,时间一长,更加嫌弃。

再由王夫人暗中撺掇行人（官职名，负责定谥号等事宜），诓骗他在景帝面前进言立栗姬为皇后。景帝一听，勃然大怒，因为这并非是行人之本职，想必一定是栗姬和他勾结。内外沟通以谋私事，一向都是帝王大忌，景帝愤而将行人处死，第二年，就将太子刘荣废为临江王。栗姬因此也恚恨而死。

太子一废，除了刘彻的机会大涨，还有一个人也顿时重新看到了希望。

这个人便是立有大功的梁王刘武。

梁王仗着功高和窦太后的宠幸，得到了景帝赐的天子旌旗，出行规格都和景帝一般。又极其信任羊胜、公孙诡二人，二人极力怂恿梁王染指帝位，为这一目标出谋奔走。

除此以外，窦太后自刘荣被废后，也抱有一线希望，曾设宴招待景帝，于席间对他说："皇帝将来晏驾之后，就让梁王继位吧。"

景帝不敢违抗，口称唯唯。

常因置酒谓帝曰："安车大驾，用梁王为寄。"帝跪席举身曰："诺。"——《资治通鉴·卷十六·汉纪八》

从很多地方都能看出，窦太后无论是在当文帝皇后时，还是如今当太后，都是一个极其强势之人。

比如，文帝在窦氏之前的王后，育有四子，在文帝即位后全部莫名其妙死亡，前面已分析文本，就差直接说是窦皇后弄死的了。又比如，窦太后因一度抱怨窦婴，将其开除宫廷门籍，禁止出入。再如，因为窦太后喜欢黄老之言，宗室外戚无人敢不读黄老。

窦太后好黄帝、老子言，帝及太子诸窦不得不读黄帝、老子，尊其术。——《史记·外戚世家》

原文里"不得不读"四个字，充分体现出窦太后的强势。

即使到汉武帝时，窦太后在世期间，武帝仍然对这位奶奶毕恭毕敬，不敢有违。

因此，面对母亲如此的要求，景帝只敢口头先应允下来。

但是一离开长乐宫，景帝就立马召来大臣们商议。

罢酒，帝以访诸大臣。——《资治通鉴·卷十六·汉纪八》

这个访诸大臣的意思，实际就是求助，问问该怎么办，明示景帝心中的极不情愿。

袁盎坚决反对，称："不可。当初春秋时，宋宣公不立儿子而立弟弟，导致祸乱，五世不得安宁。小不忍，则害大义。"

袁盎的意见应该代表了景帝和大臣们一致的态度，特别是窦婴，当初他就在私宴上拒绝过传位梁王。而自平定"七国之乱"后，窦婴的地位更高，意见也就更举足轻重。

七国兵已尽破，封婴为魏其侯。诸游士宾客争归魏其侯。孝景时每朝议大事，条侯、魏其侯，诸列侯莫敢与亢礼。——《史记·魏其武安侯列传》

也就是说，条侯周亚夫、魏其侯窦婴成了朝廷上最有发言权的两位权臣。

袁盎本被晁错贬为庶人，因为窦婴的推荐，才得以向景帝进言。他的意见自然就是窦婴的意见。

而周亚夫则于公于私，都不会赞成梁王继位。于公，其性格刚正，原则性极强；于私，梁王对"七国之乱"中，他见死不救、拥兵自守的事情一直耿耿于怀，常常在窦太后面前告他的状，他更不可能支持仇家登上天子之位。

而梁孝王每朝，常与太后言条侯之短。——《史记·绛侯周勃世家》

朝臣们形成了一致的意见，窦太后的决定遂被搁置了下来。

几个月之后，胶东王刘彻被正式立为皇太子，王夫人册封为皇后。

又两年后，已废的前太子刘荣，被逼自尽。

梁王并不死心，又生一计，他希望可以开辟一道甬道，直通长乐宫，方便朝拜太后。他得不到朝中的支持，故仍然想通过讨太后的欢心，来争取政治转机。这一建议，又由于袁盎等人的反对，最终不得实行。

梁王听说后，心中对这帮朝臣怨恨反感到了极点，认为都是你们这些嚼舌根的，在坏我大事。他暗使羊胜、公孙诡买通刺客，潜入京城，刺杀了袁盎等一众议臣十多人。

得知朝中大员集体被害，景帝一猜便知是梁王指使，令人即刻前往梁国抓捕要犯。梁王把羊胜、公孙诡藏在王宫中。因此汉使者凡十余批，前来督促梁内史韩安国捕贼，都没有结果。

韩安国狠下决心，入见梁王，泣道："主公受辱，臣属受死。大王因为没有良臣，才落到今天。请大王赐臣一死。"

梁王大惊，韩安国是其十分信赖的旧臣，"七国之乱"中为将抵抗吴楚联军，立功甚多。因此问道："公何出此言？"

韩安国道："大王内心认为和废太子相比，谁和皇帝更亲？"

梁王道："我自然不如废太子亲。"

韩安国道："废太子以嫡长子的身份，因罪废除自尽，这是为何？这是治理天下，不以私情妨碍公正的缘故。如今大王身为诸侯，知法犯法，公然为禁。天子因为太后的缘故，不忍心治大王罪。太后日夜涕泣，希望大王改过自新，而大王始终不知悔改。假如太后哀伤过度，有一日宫车晏驾，大王准备再依赖谁呢？"

话音未落，梁王已经又惊又哀，泣下数行。因此令羊胜、公孙诡自尽，以尸首交给汉使回京禀命。

即使交出了两名要犯，梁王仍然日夜惴惴不安，毕竟自己才是幕后主谋，生怕景帝决心刨根问底，彻查此案。

思来想去，他决定派使者邹阳去找王皇后的兄长王信，希望他能为自己在中间调和，平息一下景帝的怒气。

邹阳见到王信，说道："王长君（长君为对兄弟排行中大者的尊称），令妹受陛下宠幸，后宫无人能及，而长君平时行为却略有不合道理之处。如今袁盎被刺案正在审理之中，太后担忧梁王被治罪，对陛下愤怒不平，正要找陛下身边的贵臣发泄，窃为长君您感到担忧。"

王信一听觉得颇有些道理，急问道："依君之见，我该如何自救？"

邹阳道："长君如能让陛下不要穷治此案，太后必对长君感恩戴德，而令妹又宠任万方，长君的地位自然比金城还要牢固。"

王信点头道："此言甚是有理。只是我该如何说服陛下，还请先生解惑？"

邹阳道:"简单。当初圣人虞舜,有幼弟叫做象。象每日都计划着要杀死舜。等到舜成为天子后,却以德报怨,赐予象封地。《孟子》云,圣人对于兄弟,心中不藏怒火,不记宿仇,唯有友爱而已,所以天下称圣。长君只要拿这番话去告诉陛下,陛下自然愿意当一名圣人。"

王信以此劝景帝,景帝的怒气果然平复了一些。

不久,审理此案的田叔等人从梁国回京。入城前,田叔一把火将所有的案卷资料全部烧毁,空着手来见景帝。

景帝问:"查清楚了吗?"

田叔道:"查清楚了,是死罪。"

景帝问:"案卷在哪儿,朕想看看。"

田叔道:"梁王的事情,陛下不要再问,也不要再看。"

景帝问道:"这是为何?"

田叔道:"梁王不治罪,是对汉法的亵渎。但治罪,太后寝食不安,这是陛下的罪过。"

景帝默默点头,于是让田叔禀明太后,只称主犯是羊胜和公孙诡,皆已伏法,而梁王也被蒙在鼓里,实在不知案情,故无罪。

窦太后本来因兄弟不和,日夜啼哭不止,听到田叔的禀报,立马情绪平复，恢复正常。

太后闻之，立起坐餐，气平复。——《资治通鉴·卷十六·汉纪八》

梁王因此上书请求朝见太后，却提前赶到京城，藏在了姐姐长公主家。等到汉使去郊外迎接时，只见梁王车队，遍寻不着梁王下落。

窦太后听说，当场大哭道："皇帝果然还是杀了我的儿子！"

景帝惊慌失措，束手无措，不知该怎么消解母亲的忧伤和愤怒。

此时，梁王才出面，亲自向景帝赔罪。

被吓了一身汗的窦太后和景帝相对而泣。

自此，兄弟二人才算真正何解，但关系越已经疏远，不再像以前那样两人亲密地同坐一车了。

梁王为人的确十分慈孝，每次窦太后生病，都口不能食，居不安寝。可能这也是窦太后很疼爱他的原因。

刺杀袁盎案后的六年，四十岁左右的梁王入京朝拜，请求朝拜之后再留在京城多陪伴母亲一会儿，景帝坚决不同意。梁王回到国中，闷闷不乐，于该年夏天病故。

窦太后为之痛哭绝食，再次大喊："皇帝果然还是杀死了我的儿子！"弄得景帝十分哀惧，不知所为。

兄弟之间的矛盾，一直是母子三人心中拔不去的一根刺，是景帝末期宫廷上空抹不去的一道阴云。

梁孝王刘武死后，景帝仍然按照"众建诸侯而少其力"的原则，将梁国一分为五，分封给刘武的五个儿子。

这样，"七国之乱"后最大的功臣国，汉朝廷的最强屏障，实力也被化解于无形。

景帝的江山，越来越稳固。

第二十章　见龙在田

后世论及景帝的性格，总绕不开"刻薄寡恩"这个判断。

在对待晁错的态度上，便是一例。当初信任得有多深，牺牲时就有多决绝。景帝还是太子时，晁错就已得宠幸。

太子家号曰"智囊"……太子善错计策……宠幸倾九卿。——《史记·袁盎晁错列传》

活脱脱写出景帝曾经多么以拥有晁错为喜。

然而一到危难关头，弃之几无犹疑，杀之几无不忍，全然不顾此人曾经为了巩固皇权而与天下交恶，仿佛只是在处死一个从不相识的陌生罪人。

诚然，晁错有自己的问题，他的削藩计划里带有私心，当"七国之乱"突起时又慌了手脚，无以应对，证明其只适合纸上谈兵。但毕竟，他行使的，仍是景帝的主张。君图之，我言之而已，怎么都不该沦为"朝服被斩东市"的结局。

晁错本人的性格，史书称"峭直刻深"，只讲国家利益，毫不顾忌人际关系，因此晁错没有一个知己朋友。景帝比晁错小十二岁，自少年时代就受到其教育引导，不知景帝"刻薄寡恩"的性格，有没有晁错的潜移默化。如真是这样，"刻薄"两字，倒像是施在晁错身上的一个报应。

对待废太子刘荣的态度上，也是一例。

既已立为太子，偏不封其母。既已废为临江王，又一定要将其逼死，以免后患。对待亲生子如此，在高祖刘邦和文帝刘恒身上，都未尝见。

对待诸侯宗室的态度上，又是一例。

除了削地、降爵等惩罚手段，景帝还大量对诸侯使用"除国"，即以罪直接取消封国，从而令诸侯宗室失去世袭的福利和权位。据《西汉景帝朝改革与汉景帝历史地位新论》（刘宇辰）一文统计，惠吕时期累计除国十次，平均每年取消封国 0.67 个；文帝时期累计除国十四次，平均每年取消封国 0.61 个；景帝在位期间累计除国三十五次，平均每年取消封国 2.91 个，这还没有算上"七国之乱"中被废除的。

然而被景帝刻薄对待的，还不止是以上，在"七国之乱"中立有大功的周亚夫，也是其中一位。

周亚夫平定吴楚联军之后五年，被提拔为丞相。一开始，景帝颇倚重他。

事情是从废太子事件开始变化的。

自古以来，废立继承人都是一件大事，弄得不好就会动摇国基，引起政局混乱。所以没有特殊情况，大部分朝臣都会从稳妥的角度考虑，劝阻此事。周亚夫也据理力争，景帝初初对他有所不满。

其后匈奴有五人投降汉朝，景帝打算封他们为侯，以引诱匈奴其他人，这其实也是贾谊"三表五饵"的策略。周亚夫又不同意，称："这些匈奴背叛君主，投降大汉，假如陛下封他们为侯，不等于是鼓励人臣不用忠诚守节吗？"

景帝心中不快道："丞相的话不可行。"仍坚持己见，封五人为侯。

周亚夫见景帝态度强硬，面带愠色，也知道自己处处直谏，惹怒皇帝，干脆称病告归。景帝也不勉强，很快免了他的丞相之职。

周亚夫平平淡淡地在家过了四年有余，景帝又想起了他。

有一日，景帝在禁宫中设私宴，召周亚夫赐食。但是有意给他准备了一大块没切过的肉，还不准备筷子。这是景帝故意不以礼对待，想看看他的反应。周亚夫和其父亲一样，刚直性烈，心中不平，回头就问席上主事者要筷子。景帝却冷笑着道："这是我的安排，难道还有什么不满意的吗？"周亚夫心中更为郁闷，强按着屈辱感向景帝磕头谢罪。

景帝冷冷道："平身！"

周亚夫再也按捺不住，起身就疾步而出。

望着他愤怒远去的背影，景帝喃喃道："满腹不平，这不是可以侍奉少主的臣子。"

景帝以目送之，曰："此怏怏者非少主臣也！"——《史记·绛侯周勃世家》

从景帝最后这句话来看，似乎颇有托孤之意。若果真如此，那这一场私宴实际上就是特意对周亚夫性格的一次考验，看看他能不能好好地服侍帝国的继承人。耿直如其父的周亚夫却没能压住脾气，处处顶撞，不欢而散，终于没能过得了关。

回想当初文帝把周亚夫托付给他时，说"真可任将兵"。时过境迁，现在变成了"非少主臣"。人事转移，真可唏嘘！

不久，周亚夫的儿子为父亲违禁买了官方制作的五百副盔甲和盾牌，想要届时作为陪葬物品，衬托军功赫赫的父亲身份。结果此事被人告发，一直牵连到周亚夫本人。由于买的是武器，就有谋反的嫌疑。

起初办案的小吏并不敢责罚这位昔日的丞相,什么结果也没有审理出来。

景帝得知大怒,道:"我不会再用此人!"

这句话的意思,等于是告诉办案人员,不用担心将来周亚夫会被起用而遭到报复,可以放心大胆地去拷问。

于是此案被提到廷尉处亲自审理。

廷尉问道:"君侯可是打算造反啊?"

周亚夫如实回答:"臣所买之物,都是葬器,将随臣入土,何来造反一说。"

廷尉笑道:"君侯即使活着时不反,也是想到地下再反。"

君侯纵不反地上,即欲反地下耳。——《史记·绛侯周勃世家》

得到了景帝的授意,案子也就不再难审了,什么样荒唐的理由都不再荒唐。

周亚夫在狱中绝食五日,吐血而死。

周亚夫年轻时,著名相士许负曾为他看相,称:君三年后当封侯,再八年后当为将相,主持国政,一时无两。再九年君当饿死。

周亚夫笑道："假如真如你所说贵为将相，又怎会饿死？"

相士之言，多是穿凿附会之说。只是一时享受荣华富贵，一时低贱落入尘泥，人间却处处时时皆有发生，前有邓通，后有周亚夫，皆是由于景帝一时心意，遂命运转折，如急流直下。帝王时代的臣子，哪有永世可图的安稳。

明朝文学家、史学家王世贞说，景帝朝有三谠臣。所谓谠者，是正直的意思。王世贞所说的三人，一为晁错、一为周亚夫、一为废太子刘荣。而此三人皆不得善终，景帝之刻薄寡恩，实在鲜明。

但刻薄寡恩，是对权力内部而言的。总体上来说，景帝对待民间的态度，继承了父亲文帝时的宽容理念，同时由于窦太后力主黄、老之理论，景帝朝仍是积极地为百姓松绑、与民休息，国力在快速地增长之中。

文帝初年，民间田租为十五分之一，后期由于连年天灾，文帝彻底废除田租，但这只是应对灾年的特殊政策。到景帝时，恢复田租，放宽到三十分之一，基本奠定了两汉的田租率。

景帝又两次修改文帝定下的鞭笞法，该笞五百鞭的降至两百鞭，该笞三百鞭的降至一百鞭；又下令凡是案情有疑，虽以照法律审定，只要民心有所不满，都可以重新审理。

汉初，需要资产过十万者，方满足选为訾郎的条件。景帝将其降低为四万，又废除禁锢令，允许商人、赘婿等为官吏，给予民间百姓更多改变自身命运的机会。

由于景帝继续推行宽松和恢复经济之政，到汉武帝初年，已经实现了人丁兴旺、物资过剩的局面。

> 民人给家足，都鄙廪庾尽满，而府库余财。京师之钱累百巨万，贯朽而不可校。太仓之粟陈陈相因，充溢露积于外，腐败不可食。——《汉书·食货志》

对权力内部刻薄寡恩，对民间生态宽容仁厚，这是景帝刘启的一体两面。

司马迁对景帝似乎不太以为然。《史记·孝景本纪》和《史记·孝文本纪》的风格截然两样，导致从古至今，不少人以为现存的孝景本纪非出自司马迁之笔。孝文本纪中，司马迁大量采用文帝诏书原文，对其仁德备加尊崇。到孝景本纪里，却只叙其大概，甚至是平定"七国之乱"这一件景帝一生的核心要事，也仅仅只用了六十六个字，如下：

> 吴王濞、楚王戊、赵王遂、胶西王卬、济南王辟光、菑川王贤、胶东王雄渠反，发兵西乡。天子为诛晁错，遣袁盎谕告，不止，遂西围梁。上乃遣大将军窦婴、太尉周亚夫将兵诛之。——《史记·孝景本纪》

但即使是司马迁如此苛刻，也不得不承认在景帝朝，达到了

"天下翕然，大安殷富"的局面。

班固撰写《汉书》时，首次把"文景"父子相提并论，认为二人治下的汉朝，堪与西周时的"成康"时期相比。"文景之治"因此成为史学上一个相对公认的概念。

明朝学者陈仁锡称："景帝所病者天资之惨刻，所长者政事之真实，史以文景并言，懿哉！"这应是较为公允的评价。

最后提一下景帝朝与匈奴的关系。

景帝二年秋，积极与匈奴军臣单于实行和亲政策，这是因为一到冬天，晁错就要开始推行削藩了，在大范围开始国内改革的同时，必须赢得稳定的外部环境。所以即使晁错在文帝时曾极力建议要解决匈奴问题，此时仍不得不先放一放。

景帝五年，复嫁公主于匈奴。

四年之后的景帝中二年，匈奴撕毁合约，侵略燕地，景帝决定再也不行和亲。

这一决定，和国内诸侯王的内忧基本已解决有关，同时和景帝在西北地区设立官方养马场所也有很大关系。

始造苑马以广用……众庶街巷有马，阡陌之间成群。——《汉书·食货志》

和匈奴作战，马是绝不可缺少的工具，且耗费巨大。后武帝时卫青和霍去病同出征的一次，带出去十四万匹战马，回来时只剩三万余匹。可见其重要性和损耗率。

在景帝决定不行和亲之后，匈奴又有三次南下入侵，分别为中三年、中六年，以及后二年。

且说中六年这一次，匈奴大入雁门，进至上郡，取官方养的苑马而去。

一名汉将带领百余骑兵，出外追击，忽然和数千名匈奴骑兵狭路相逢。

匈奴见汉将人数稀少，以为是诱兵引自己深入，不敢轻动，纷纷上山列好，严阵以待。

汉将手下有人担心寡不敌众，心中慌乱，提议赶紧快马加鞭回头就跑。

汉将道："我等离大军数十里，如随意调头撤退，匈奴可轻易追上，将我等射杀殆尽。假如不走，匈奴反而以为我等大军之诱，必不敢击我。"

虽如此说，骑兵们仍然心中惴惴。

汉将道："听我号令，前进！"

一百多骑齐头并进，直到离匈奴仅有二里地才停下。

汉将又道:"全部下马!"

众人面面相觑,道:"敌人这么多,一旦发起攻击怎么办?"

汉将道:"匈奴以为我们必会逃离,现在我们一齐下马,让他们不知道我们的意图。"

众人照做,匈奴果然更为猜疑,不敢随意动弹,只是派出一名白马将,走到阵前护军。

只见汉将突然和十余骑上马奔前,扬起弓箭,一击即中,将白马将射杀,又迅速奔还。再次令所有人下马按兵不动。

天色越来越晚,匈奴始终搞不清汉军葫芦里卖的什么药,又怕有大军在后搞伏击,趁天黑悄悄引兵而去。

汉将带着一百余骑,守到天明,才返回军中。

景帝之所以敢不和亲,和国内稳定、苑马成群有关,也和有勇、有智的名将开始逐渐涌现有关。

这名性格冒险、又勇猛机智的汉将,名叫李广。

财富、制度、英雄……景帝已经为他的继承人,准备好了武力扩张和英勇卫国的一切条件。

而此一册以卢绾奔匈奴始,以李广战匈奴终,斯可已矣。

汉孝惠帝至汉景帝时期大事记

公元前 195 年（高皇帝十二年）

十月　高帝刘邦败淮南王英布军，杀英布

　　　刘邦还沛县置酒，歌《大风歌》

　　　周勃斩陈豨

　　　立兄子刘濞为吴王

二月　樊哙、周勃击燕王卢绾

三月　诏令天下共击不义背叛天子者

四月　高帝刘邦崩于长乐宫

　　　燕王卢绾亡入匈奴

五月　太子刘盈即位

公元前 194 年（孝惠帝元年）

十月　吕后使人杀赵王刘如意

　　　吕后将戚夫人作为"人彘"（此事时间存疑，《资治通鉴》

　　　将其放在刘如意死之月一并提及）

公元前 193 年（孝惠帝二年）

十月　齐王刘肥献城阳郡作为鲁元公主汤沐邑

七月　丞相萧何薨，曹参任丞相

公元前 192 年（孝惠帝三年）

春　　与匈奴和亲

七月　因陆贾出使，南越王赵佗称臣

公元前 191 年（孝惠帝四年）

十月　立鲁元公主女儿张氏为皇后

三月　废除挟书律

七月　未央宫凌室、织室火灾

公元前 190 年（孝惠帝五年）

八月　丞相曹参薨

公元前 189 年（孝惠帝六年）

十月　丞相一职一分为二，王陵为右丞相，陈平为左丞相

　　　齐王刘肥薨

夏　　留侯张良薨

　　　舞阳侯樊哙薨

　　　周勃为太尉

公元前 188 年（孝惠帝七年）

八月　孝惠帝崩于未央宫

九月　前少帝即位，吕后临朝称制

公元前 187 年（高后元年）

十一月　王陵免相，陈平为右丞相，审食其为左丞相

冬　　追尊吕公、吕泽为王

一月　废除夷三族、妖言罪

四月　立孝惠帝子刘疆、刘不疑为王，割齐国济南郡封吕台为吕王

公元前 186 年（高后二年）

十一月　吕台薨，子吕嘉袭吕王位

一月　陇西地震，羌道、武都道山崩

五月　封刘章为朱虚侯，入宫宿卫

公元前 185 年（高后三年）

春　　长江、汉水流域洪灾，流四千余家

秋　　伊水、洛水流域洪灾，流一千六百余家

　　　汝水流域洪灾，流八百余家

公元前 184 年（高后四年）

四月　吕后幽杀前少帝

五月　后少帝即位

公元前 183 年（高后五年）

春　　赵佗自称南越武帝，攻打长沙国

九月　首次实行士兵戍边一年一更换制度

公元前 182 年（高后六年）

十月　废吕王吕嘉，立吕产为吕王

四月　封刘兴居为东牟侯

　　　匈奴攻陇西郡狄道、天水郡阿阳

公元前 181 年（高后七年）

十二月　匈奴攻陇西郡狄道，掠走两千余人

一月　吕后囚禁赵幽王刘友，刘友饿死

七月　割齐国琅琊郡，封刘泽为琅琊王

九月　汉兵击南越

公元前 180 年（高后八年）

夏　　长江、汉水流域洪灾，流万余家

七月　吕后崩，遗诏令吕禄掌北军，吕产为相国、掌南军

　　　免审食其相位，以其为帝太傅

八月　齐王刘襄杀齐相召平，起兵反叛

　　　灌婴驻兵荥阳静观其变

　　　陈平、周勃策划绑架郦商

九月　功臣诛吕氏，迎代王刘恒

闰九月　文帝刘恒即位，以宋昌为卫将军，接管南北军

　　　有司诛孝惠帝诸子

公元前 179 年（文帝元年）

十月　以周勃为右丞相，陈平为左丞相，

　　　灌婴为太尉，行赏诛吕功臣

十二月　废除连坐法

一月　立太子刘启

三月　立皇后窦氏

　　　下诏赐鳏寡孤独穷困和八十以上老人

四月　齐楚地震，二十九山同崩

　　　下诏不受郡国贡献

八月　免周勃相位，丞相位重新合二为一，以陈平为之

是岁　召吴公为廷尉，吴公荐贾谊为博士

公元前 178 年（文帝二年）

十月　丞相陈平薨

　　　下诏令在长安中的列侯各自回封国（列侯之国诏）

十一月　周勃复为丞相

　　　　下诏求贤良方正能直言极谏者

一月　文帝亲耕藉田

三月　以朱虚侯刘章为城阳王、东牟侯刘兴居为济北王

五月　废除诽谤罪、重新废除妖言罪

公元前 177 年（文帝三年）

十二月　以灌婴为丞相，罢周勃相位，遣回封国

四月　城阳景王刘章薨

五月　匈奴右贤王入侵上郡，丞相灌婴领兵反击

七月　济北王刘兴居反

八月　济北王刘兴居兵败自杀

公元前 176 年（文帝四年）

十二月　丞相灌婴薨

一月　张苍为丞相

九月　绛侯周勃有罪下狱

是岁　贬贾谊为长沙王太傅

公元前 175 年（文帝五年）

四月　允许民间铸钱，吴国钱、邓通钱大行天下

公元前 174 年（文帝六年）

十一月　淮南王刘长以谋反罪流放蜀地，死于途中

公元前 173 年（文帝七年）

是岁　民间有民谣为淮南王惋惜者传入文帝耳中

公元前 172 年（文帝八年）

夏　　封淮南厉王刘长四子为列侯

公元前 170 年（文帝十年）

是岁　令将军薄昭自杀

公元前 169 年（文帝十一年）

是岁　绛侯周勃薨

　　　匈奴入侵陇西郡狄道

　　　贾谊死

公元前 168 年（文帝十二年）

十二月　黄河决口于陈留郡酸枣县

二月　放归孝惠帝后宫美人，令嫁人

三月　解除关卡禁令

公元前 167 年（文帝十三年）

五月　因缇萦救父事除肉刑

六月　全部免除田租

公元前 166 年（文帝十四年）

冬　　匈奴老上单于十四万骑入侵，杀北地都尉孙卬。

　　　张相如、栾布等击走匈奴。

　　　文帝问策冯唐

公元前 165 年（文帝十五年）

九月　晁错上言削诸侯及更改法令，计三十篇

　　　术士新垣平得幸

公元前 164 年（文帝十六年）

五月　分齐国为六、淮南国为三

九月　令明年改元

公元前 163 年（文帝后元年）

十月　夷新垣平三族

三月　孝惠帝张皇后薨

公元前 162 年（文帝后二年）

六月　匈奴提出和亲

八月　丞相张苍免，以申屠嘉为丞相

公元前 161 年（文帝后三年）

是岁　老上单于死，军臣单于立

公元前 160 年（文帝后四年）

五月　赦免官方奴婢为庶人

公元前 158 年（文帝后六年）

冬　　匈奴入侵上郡、云中，周亚夫驻兵细柳

公元前 157 年（文帝后七年）

六月　文帝崩于未央宫，太子刘启即位

公元前 156 年（景帝元年）

四月　与匈奴和亲

五月　复征一半田租

公元前 155 年（景帝二年）

三月　封六子为王

四月　太皇太后薄氏崩

六月　丞相申屠嘉薨

八月　以晁错为御史大夫

　　　晁错治赵王刘遂、胶西王刘卬罪，削赵河间郡，削胶西六县

公元前 154 年（景帝三年）

十月　景帝于私宴上戏言传位于梁王，窦婴力谏

　　　晁错治楚王刘戊罪，削楚东海郡

一月　七国反，吴楚攻梁，梁王城守

　　　景帝令杀晁错于东市

　　　周亚夫、窦婴、栾布等将兵平叛，历经七月平定

公元前 153 年（景帝四年）

四月　立刘荣为太子，刘彻为胶东王

公元前 151 年（景帝六年）

九月　废皇后薄氏

公元前 150 年（景帝七年）

十一月　废太子刘荣为临江王，刘荣母栗姬恚狠而死

二月　丞相陶青免，以周亚夫为相

四月　立王氏为皇后，立胶东王刘彻为太子

公元前 148 年（景帝中二年）

三月　废太子刘荣因罪自杀

四月　梁王刘武使人刺杀袁盎等议臣

公元前 147 年（景帝中三年）

十一月　取消诸侯国御史大夫官职

九月　丞相周亚夫免相，御史大夫刘舍为相

公元前 145 年（景帝中五年）

八月　更改诸侯国丞相一职名称为相

公元前 144 年（景帝中六年）

六月　梁孝王刘武薨

　　　匈奴入侵雁门、上郡，抢掠苑马，上郡太守李广击匈奴

公元前 143 年（景帝后元年）

七月　丞相刘舍免，御史大夫卫绾为相

是岁　条侯周亚夫以谋反罪下狱，绝食而死

公元前 142 年（景帝后二年）

十月　废除"列侯之国"制度

五月　下诏，将选为郎官的家资条件从十万降至四万

公元前 141 年（景帝后三年）

一月　景帝刘启崩于未央宫，太子刘彻即位

参考书目和论文

书目：

1.《史记》，司马迁，中华书局，1982 年 11 月第 2 版

2.《〈史记〉志疑》，梁玉绳，中华书局，1981 年 4 月第 1 版

3.《汉书》，班固，中华书局，1962 年 6 月第 1 版

4.《资治通鉴》，司马光，中华书局，2011 年 8 月第 2 版

5.《剑桥中国秦汉史》，崔瑞德、鲁惟一，中国社会科学出版社，1992 年 2 月第 1 版

6.《始皇帝的遗产——秦汉帝国》，鹤间和幸，台湾商务印书馆，2018 年 6 月初版

7.《古代中国文化与历史》，劳榦，影印本

8.《秦汉史》，吕思勉，中国文史出版社，2018 年 9 月第 1 版

9.《匈奴通史》，陈序经，新世界出版社，2017 年 5 月第 1 版

10.《中国历代政治得失》，钱穆，九州出版社，2012 年 2 月第 1 版

11.《中国历史地图集》，中国地图出版社，1982 年 10 月第 1 版

12.《西汉朝廷"大洗牌"》，孙家洲，中国人民大学出版社，2020 年 6 月第 1 版

13.《西汉盛世文帝景帝》，张大可，朱枝富编著，商务印书馆，2018 年 1 月第 1 版

14.《秦汉史》，钱穆，三联书店，2018 年 8 月第 1 版

15.《汉帝国的建立与刘邦集团——军功受益阶层研究》，李开元，三联书店，2000 年 3 月第 1 版

论文：

1.《汉惠帝新论——兼论司马迁的错乱之笔》，郑晓时，2004

2.《吕后出宫人与代王刘恒"独幸窦姬"发微》，张小锋，2018

3.《汉初"诛吕安刘"之真相辩》，吴仰湘，1997

4.《"白马之盟"真伪辩》，刘鸣，2012

5.《汉文帝登基与朝廷政局变动——围绕二代危机展开的思考》，刘新然，2012

6.《吴楚七国之乱与西汉诸侯王国》，唐赞功，1989

7.《西汉景帝朝改革与汉景帝历史地位新论》，刘宇辰，2017

8.《周亚夫与栗太子之废新探》，秦进才，2011